DU MÊME AUTEUR

L'EXTRÊME DROITE EN FRANCE, Fayolle, 1977.

CITÉS GÉANTES (ouvrage collectif), Fayard, 1978.

LES ALLEMANDS SANS MIRACLE (ouvrage collectif), Armand Colin, 1983.

FRANCE : PAST, PRESENT AND FUTURE, Aspen *(New York)*, 1983.

LES ALLEMANDS AUJOURD'HUI, Balland, 1984.

WILLY BRANDT, Martinsart, 1984.

CEE, VOYAGE EN EUROCRATIE, Alain Moreau, 1986.

QUE DEVIENT L'ALLEMAGNE ? (ouvrage collectif), Anthropos, 1987.

BERÜHMTE MENSCHEN IM GESPRÄCH (ouvrage collectif), Le Phare *(Luxembourg)*, 1995.

HISTOIRE INDISCRÈTE DES ANNÉES BALLADUR, Albin Michel, 1996.

LES CARNETS SECRETS DE LIONEL JOSPIN, L'Archipel, 1998.

LES TROIS CRIMES DU GRAND HÔTEL (roman), Le Phare *(Luxembourg)*, 1998.

Pour en finir avec...

Collection dirigée
par Philippe Meyer

Bernard Brigouleix

Pour en finir avec l'Allemagne

Gallimard

Introduction

Au-delà de l'élection de Gerhard Schröder, la campagne électorale de l'automne 1998, traditionnellement plus longue pour l'opposition que pour le chancelier sortant et ses amis, aura révélé, ou confirmé quasi officiellement, un certain nombre de peurs allemandes. De points forts, aussi, bien sûr, chez ce voisin que nous percevons comme sensiblement plus puissant qu'il ne le pense lui-même ; mais également d'interrogations moroses, de craintes qui ne sont pas toutes infondées. Au point que le chef de file de la démocratie chrétienne en Bavière, Edmund Stoiber, lui-même brillamment réélu à la fin de l'été, aura dû faire campagne, avant tout, sur la nécessité et les vertus thérapeutiques de l'optimisme.

Ces états d'âme, peu de Français, pourtant, les auront sans doute remarqués. Peu de Français, il est vrai, se passionnent pour ce pays qu'ils perçoivent pourtant, toutes les enquêtes d'opinion concordent sur ce point, comme le principal partenaire du leur, en Europe et même dans le monde.

Une fois de plus, l'Allemagne vient de se livrer, à la faveur de cette consultation électorale majeure, et dans notre bienveillante indifférence de principe, à une *analyse* au sens « psy » du terme, à un exercice d'introspection ; avec, certes, tous les enseignements et toutes les limites que comportent de telles tentatives d'autoexploration, d'autoexplication, voire d'autoexorcisme, mais dont les résultats et le principe même auraient sans doute mérité, de notre part, plus de curiosité.

Une fois de plus également, il faut bien constater qu'il y a un mystère allemand. Un mystère à entrées multiples, comme certains systèmes d'équations, ou certains labyrinthes. D'où vient que ce pays reste une de nos zones d'ombre, à nous autres Français, que l'on se réfère à la connaissance ou à la conscience — pour ne rien dire de l'inconscient ? Pourquoi est-il toujours si difficile d'en parler, en tout cas dans un autre registre que celui du réquisitoire ou du plaidoyer ? Comment se fait-il que, dans nos têtes, la « question allemande » s'écrive éternellement avec un point d'interrogation, ce qui a certes sa logique typographique, mais donne tout de même à penser ?

On n'imagine pas sérieusement un *Pour en finir avec la Birmanie*. La Suède. Le Congo. L'Argentine (ou alors, à l'usage exclusif des habitants des Malouines). Tous pays qui ont pourtant, eux aussi, une personnalité forte, une population à un titre ou à un autre singulière, une histoire et une géographie — quoi qu'en pensent les Français, qui tiennent volontiers leur ignorance du monde extérieur pour un des attributs de la souveraineté nationale. *Pour en finir avec l'Allemagne,* on pressent au contraire (en tout cas, je veux le croire en m'y attelant et ne désespère pas d'en convaincre autrui...) qu'il y a matière, et même pléthore. Reste à savoir avec quelles intentions. *Die Endlösung der deutschen Frage* — la solution finale de la question allemande ?

Que le lecteur germanophile se rassure — avec, tout de même, la circonspection nécessaire — mais surtout, que le germanophobe obsessionnel, abusé par le titre de la collection et du livre, se désole une bonne fois et renonce à son achat. Du moins si, comme l'auteur en a pour sa part la navrante habitude (navrante pour les libraires, en tout cas), il a la prudence de lire du pouce les premières pages d'un ouvrage avant de passer à la caisse.

On ne va pas renverser ici la célèbre formule de Jean-Hérold Paquis, champion d'hitlérophilie sur Radio-Paris durant l'Occupation, qui aimait à conclure ses philippiques par une prédiction que Winston Churchill, le peuple anglais en général, et les aviateurs de la Royal Air Force en particulier, allaient s'employer, durant quatre ans, à infirmer : « L'Angleterre, comme Carthage, sera détruite. » *Non delenda est Germania...* Au demeurant, en éprouverions-nous la contestable et présomptueuse envie que cette ambition, à l'évidence, ne serait aucunement dans nos moyens, collectifs certes, et individuels moins encore.

On ne passe pas tant d'années de sa vie professionnelle à s'occuper de l'Allemagne, à y voyager, à y rencontrer des gens de toute nature (et, pour commencer par le commencement, à en réapprendre la langue, sur les décombres des souvenirs de lycée) sans avoir accumulé sur cet embarrassant et passionnant sujet un certain nombre de choses à dire, que, précisément, ni les pages de votre quotidien préféré ni le micro de votre radio favorite ne peuvent accueillir. Non pas par volonté de censure, bien évidemment, mais parce que l'on y doit parler de faits, non d'impressions — et à plus forte raison d'impressions sur les impressions des autres.

Difficile pourtant de les exprimer tranquillement, alors que ce qui touche à l'Allemagne reste si souvent sensible, voire passionnel. Vous me direz : trois guerres en soixante-quinze ans, dont deux mondiales ; l'Occupation, et le drame national qu'elle a été pour nous, Vichy aidant. Oui. Mais, à des périodes diverses, quoiqu'un peu plus anciennes, d'autres pays voisins nous ont partiellement occupés ; ou, au moins, nous ont fait la guerre. Sans parler de tous ceux à qui, sous la monarchie, la République ou l'Empire, nous sommes allés rendre visite sans leur permission ni douceur excessive. Bref, la France, comme toute vieille nation, comme tout État ancien et (relativement) fort, ne manque pas d'inimitiés séculaires. Et s'il fallait dresser le désolant palmarès de ceux qui furent ses « ennemis héréditaires », ce ne serait pas nécessairement par les Allemands — n'est-ce pas, *dear friends* d'outre-Manche ? — que nous commencerions.

Pourtant, l'Allemagne n'est pas, à l'évidence, un pays comme les autres. En tout cas pour nous, qui sommes pourtant ses premiers partenaires politiques et commerciaux, ses voisins, ses amis.

Sans doute cette différence avec ce que sont, par exemple, les relations franco-espagnoles, britanniques ou italiennes, tend-elle à s'effilocher un peu avec le temps. Quelques actes majeurs de la construction européenne auront largement amorcé cette normalisation : traité de Rome, que la RFA, aux côtés de la France, signa parmi les six membres fondateurs en 1957, réconciliation franco-allemande en 1962-1963, scellée par de Gaulle et Adenauer, appui donné par François Mitterrand au chancelier Kohl dans la bataille pour l'implantation des euromissiles en 1983 — en pleine campagne électorale, où le PS français soutenait en principe le SPD, hostile au déploiement des fusées de l'OTAN ! —, traité de Maastricht, assez largement impulsé par le tandem Paris-Bonn (ce devait être moins vrai pour celui d'Amsterdam), et j'en passe.

Les choses ont donc commencé d'évoluer. Et qui, aujourd'hui, dirait « les Boches » en parlant des Allemands ne serait pas beaucoup moins anachronique ou déplacé qu'un intervenant parlant des « nègres » ou des « bougnoules » dans un colloque organisé par SOS Racisme. (Notons au passage l'heureux déclin du recours à ces surnoms collectifs et rarement flatteurs : « les Rosbifs » ou « les Japs » sentent la bande dessinée guerrière des années cinquante, et « les Espingouins », « les Portos » ou « les Ritals » évoquent une vague xénophobie populaire très datée IIIe République, qui n'excluait d'ailleurs pas forcément la tendresse prolétarienne ; « les Fritz », eux, font carrément 14-18.)

Les Allemands-qui-ne-sont-plus-des-Boches, donc. Mais qui restent quand même, comment dire, des Allemands. Pour le meilleur et pour le pire. Pour le meilleur après le pire. Dans un cas et dans l'autre, je crois qu'aucun autre peuple au monde — et la concurrence est pourtant sévère — n'aura suscité autant de clichés, d'idées préconçues. L'affaire se complique encore du fait que ces clichés ne sont pas tous (entièrement) faux, et qu'à leur propagation les Allemands eux-mêmes auront parfois contribué plus que de raison, en y mettant, à l'occasion, un zèle meurtrier.

C'est avec cette Allemagne imaginaire là, à la fois sous-estimée et surestimée, et avec elle seulement, qu'il faut, résolument, tenter d'*en finir*. Au fait, pourquoi ? (En dehors d'un amour de principe pour la vérité, amour qui nous habite tous, cela va sans dire.) Pourquoi les clichés sur l'Allemagne sont-ils, non seulement irritants, mais néfastes ?

D'abord parce qu'ils nous poussent, bien souvent, à sous-estimer un grand voisin qui est aussi un grand partenaire à tous égards, et à l'occasion un rude concurrent — et je ne parle pas seulement ici, il s'en faut même de beaucoup, de commerce extérieur. Sur ces trois terrains, le dernier surtout, cette sous-estimation nous coûte cher.

Ensuite parce que ces clichés nous conduisent non moins souvent à l'erreur d'optique inverse : il est bien des domaines où notre admiration agacée pour les capacités allemandes, capacités qui se sont manifestées de façon éclatante dans la reconstruction d'après-guerre, par exemple, nous fait surestimer et l'ampleur du succès et l'infaillibilité des moyens. Bien des Allemands n'adhèrent pas eux-mêmes au concept de *Modell Deutschland*, dont on nous rebattait les oreilles dans les années soixante et soixante-dix (malgré le terrorisme), et dans lequel ils étaient surtout tentés de voir, eux, un compliment flatteur, embarrassant, et dans une large mesure immérité, de la part du monde extérieur.

À plus forte raison est-ce vrai aujourd'hui où, à l'évidence, le tant envié « modèle allemand » donne des signes de faiblesse en fait de consensus économique et d'harmonieuse cogestion sociale — on y reviendra en détail.

En vérité, les « questions allemandes », comme on dit (là aussi, singulière expression, dont l'existence même en dit long : y a-t-il des « questions britanniques » ou des « questions italiennes » ? Évidemment oui, mais on n'en fait pas, ou beaucoup moins, une spécialité journalistique ni un genre universitaire ou philosophique), les questions allemandes, donc, sont choses trop sérieuses pour être abandonnées, d'un côté à une poignée de spécialistes, de l'autre à la science un peu courte et à la sagacité aussi expéditive que discutable des discours de Café du Commerce [1] *.

C'est donc surtout avec nos complexes allemands qu'il faut en finir. Ni les uns ni les autres ne sont justifiés. Encore faut-il savoir pourquoi.

* Les notes sont regroupées en fin de volume, p. 159.

PREMIÈRE PARTIE

L'Allemagne a perdu la guerre, mais...

CHAPITRE PREMIER

Krieg, gross Malheur !

Inutile de tourner autour du pot : l'Allemagne a été nazie. Treize ans : chiffre présumé bénéfique chez les tireuses de cartes et les joueurs du Loto, assez modeste au regard de l'histoire de l'humanité, et même de celle de l'autre grand totalitarisme du siècle, le communisme, mais dont on ne peut pas dire qu'il ait, en l'occurrence, porté bonheur à quiconque. Et surtout pas, d'abord, aux Allemands.

Cela étant dit, il faudra tout de même bien un jour que l'on m'explique pourquoi le devoir de mémoire, qu'il est si légitime d'éprouver et si nécessaire d'accomplir, ne doit s'appliquer réellement qu'au nazisme, ses pompes et ses œuvres. Autrement dit à l'Allemagne et ses collaborateurs d'alors, et non aux ex-dirigeants, bénéficiaires, collaborateurs et supporters d'autres dictatures de fer et de sang.

Les gouvernements et les Parlements des pays récemment libérés du communisme sont aujourd'hui peuplés d'anciens dignitaires ou prébendiers du régime défunt, qui ont gentiment pris à temps le virage nécessaire, et à qui nul ne semble soucieux de demander le moindre compte. Mais malheur à ceux dont on découvre, aujourd'hui encore, qu'ils ne se sont pas bien conduits entre 1940 et 1944 ! Ce n'est pas que je les plaigne ni que je les acquitte : je les trouve simplement un peu seuls sur le banc des accusés.

Les révélations (qui n'en étaient d'ailleurs que pour ceux qui avaient tenu à tout ignorer jusque-là) sur le passé partiellement vichyste de François Mitterrand ont fait scandale. Elles ont en outre plongé dans le plus grand embarras, voire dans une réelle détresse morale, beaucoup de socialistes fidèles à la mémoire de la Résistance. Et il aurait certes mieux valu, pour la dignité de la fonction présidentielle comme pour la réussite de la sortie de scène du grand acteur de l'Élysée, qu'il ne se fût pas jadis compromis. Mais les mêmes belles consciences froissées ne s'étaient jamais inquiétées du fait que certains alliés électoraux de M. Mitterrand, et non des moindres, avaient en leur temps applaudi aux sanglantes purges staliniennes, aux procès truqués de Moscou (y compris ceux où le seul tort des accusés était d'être juifs) ou à l'écrasement du soulèvement populaire de Budapest. « Tonton au pays des Soviets » ne posait pas de problème moral ; qu'il eût pu, en sa jeunesse déjà ambiguë, céder pour un temps aux séductions maréchalistes, voilà en revanche qui était douloureux.

Bien plus extravagant encore. Quand il s'est agi de reconstruire un Cambodge démocratique, au début des années quatre-vingt-dix, après les accords de Paris, pratiquement personne ne s'est offusqué du retour au pouvoir de certains hauts dirigeants des Khmers rouges, au nom de la réconciliation nationale. Il s'agissait pourtant des coauteurs du (probablement) seul cas d'autogénocide connu dans l'histoire, proportionnellement bien supérieur, s'il faut vraiment tenir ce genre de comptabilité, à la somme des crimes du national-socialisme en Allemagne même.

S'imagine-t-on, aux alentours des années cinquante, d'anciens lieutenants d'Adolf Hitler devenir ministres d'État à Bonn ou à Pankow, côte à côte avec des survivants de l'Holocauste et des rescapés « politiques » de l'antinazisme, en vertu de la même nécessité de réconciliation ? Ou, en France, au lendemain de la Libération, un Pierre Laval, un Joseph Darnand, un Robert Brasillach, qui auraient échappé à la peine de mort, siéger dans un gouvernement de Gaulle, toujours pour favoriser le rassemblement et permettre de tourner la page ?

Cette page-là, celle du nazisme, ne veut pas tourner. Elle est restée collée sur le dessus des précédentes, et le grand livre de l'histoire allemande, posé au hasard sur la table, s'ouvre toujours sur cette pliure-là. Refuser l'oubli est plus qu'une posture noble : c'est, je l'ai dit, une nécessité. Mais cette noblesse et cette nécessité seraient plus convaincantes si elles s'appliquaient aussi à toutes les autres tyrannies. Le communisme a porté les espoirs d'une partie de la classe ouvrière ? C'est vrai. Mais le fascisme et le nazisme aussi, hélas. Et pour ne pas désespérer Billancourt, il a fallu très longuement oublier Katyn. À la consternation des démocrates clandestins de l'Est, pour qui l'identité des vrais auteurs — soviétiques — de ce massacre antipolonais était depuis toujours un secret de Polichinelle. À ne pas vouloir le reconnaître, ou plutôt à se donner tant de mal pour le cacher, la posture tourne vite à l'imposture.

En fait, et dictature pour dictature, les uns sont d'emblée suspectés de l'avoir voulue et aimée, les autres de s'être bornés à en pâtir. Je n'ai jamais entendu faire grief au peuple russe du stalinisme. Ni au peuple chinois du maoïsme. Deux systèmes, idéologiques si l'on veut, mais bien plus sûrement nationalistes, et même impérialistes ; accompagnés, de surcroît, d'un culte de la personnalité digne des fascismes les plus avérés. Deux régimes qui, en fait d'assassinats de masse et d'ethnocentrisme, n'ont à peu près rien à envier au nazisme.

On ne va pas rouvrir ici le débat suscité en 1997 par la publication d'une analyse chiffrée, accompagnée d'abondants commentaires d'ailleurs point nécessairement univoques, sur le bilan des crimes imputables au communisme (et non, comme il est si commode de dire aujourd'hui, au seul stalinisme). Certains furent effarés par le nombre : des millions, et même des dizaines de millions, de morts recensés. D'autres s'étonnèrent surtout de cet effarement : les faits étaient connus depuis si longtemps qu'il était bien difficile aux propriétaires d'yeux soudain dessillés, d'oreilles brusquement débouchées de feindre avec vraisemblance une douloureuse stupéfaction. D'autres encore, ou les mêmes, saisirent l'occasion soit d'affirmer que nazisme et communisme étaient décidément bien les jumeaux maudits du XXe siècle, soit au contraire de s'indigner d'un tel rapprochement, en relevant entre les deux grands totalitarismes de notables différences, au moins d'intentions.

Le nombre apocalyptique des victimes tend à donner raison à ceux qui voient dans le communisme un système au moins aussi épouvantable que le nazisme, même élargi à l'ensemble des fascismes dans le monde (qui n'ont pas eu, il est vrai, dans l'abominable, tout à fait le même caractère industriel que l'entreprise hitlérienne). On peut cependant trouver recevable, me semble-t-il, le plaidoyer de ceux pour qui, malgré la lourdeur épouvantable de son bilan, le communisme soviétique, chinois, coréen, cubain, etc., ne peut tout à fait relever du même opprobre que le nazisme, même s'il s'agit bien des deux plus grands meurtres collectifs de l'histoire de l'humanité. Avec, il faut bien le dire, un net avantage numérique pour le premier, et ses quatre-vingt-cinq millions de morts...

Le communisme, pour s'en tenir à l'essentiel, reposait en effet sur une espérance, certes dévoyée de la manière la plus sanglante dès les premières minutes de sa mise en œuvre, mais estimable ; le nazisme avait bien davantage laissé prévoir, voire affiché dans certains cas (non pas directement l'Holocauste, mais du moins la négation des libertés et l'antisémitisme d'État), ce dont il était porteur. Au fond, le premier pourrait être ressenti, non pas par l'auteur de ces lignes mais par des consciences qu'il respecte, comme une bonne idée qui a mal tourné, et le second, à coup sûr, comme une (très) mauvaise idée qui n'a que trop bien tourné, provisoirement et dans sa logique intrinsèque, bien sûr.

C'est plutôt une autre différence qui, dans

cette controverse, me frappe : il est entendu, je veux dire chez nous, et même désormais « chez eux », qu'un Russe ne peut qu'avoir *subi* le léninisme, puis les caprices, à l'occasion antisémites, du Petit Père des peuples, et le « communisme » — nous savons depuis belle lurette à quel point les guillemets s'imposent — de ses successeurs ; lesquels auront eu, Dieu merci, le bon goût de tomber gravement malades sitôt parvenus au sommet, comme si de mystérieux miasmes, rôdant dans les couloirs du Kremlin, rendaient instantanément vieux et valétudinaires ceux qui y accèdent à la magistrature suprême.

Observation que l'on étendra bien entendu à l'actuel tenant du titre (en espérant qu'il tienne, politiquement et physiquement, et grâce à la vigoureuse *diminutio capitis* opérée en septembre 1998 dans d'assez pathétiques conditions, jusqu'à la transformation de ce manuscrit en livre). Et, puisque l'on parle de Boris Eltsine, il est singulier qu'ayant occupé si longtemps de hautes fonctions dans la Nomenklatura, il ait pu passer sans problème, en Occident, pour une sorte de héros de la résistance. Seul son éthylisme aura un peu terni cette image en trompe-l'œil. Et encore : parce qu'il nous ramenait aux « malades qui nous gouvernent ». Il y aura eu chez lui un côté Tchernenko débonnaire, si l'on ose risquer cette antinomie, qui nous rassurait et nous amusait.

De même, un Chinois, encore aujourd'hui, ne saurait être que victime du héros de la Longue Marche. Même s'il n'est pas celui qui arrêta, de sa seule et frêle silhouette, les chars en route pour Tiananmen le 4 juin 1989. Et reconnaissons que, statistiquement, sur une population de un milliard deux cents millions d'individus, il y a une forte présomption qu'il ne s'agisse pas de lui, ou même d'un des cinq mille étudiants qui bravèrent le pouvoir dans l'incompréhension volontiers un peu vindicative de leurs compatriotes, et le payèrent de leur vie.

Un Cubain, toutes proportions gardées, est ressenti par nous autres Occidentaux comme un dissident au moins potentiel vis-à-vis du Lider maximo. Tous les Espagnols, c'est bien connu, furent d'audacieux adversaires de Franco. Les Italiens n'eurent de cesse de voir le Duce pendu par les pieds à un croc de boucher, surtout après les victoires américaines. Quant à nos compatriotes, leurs yeux se dessillèrent massivement et heureusement dès le soir du 18 juin 1940, en dépit de certaines faiblesses radiophoniques purement techniques, et, par là même, bien pardonnables.

Un Allemand, même né après la chute du Reich, ne saurait bénéficier de cette présomption d'innocence. Il reste un hitlérien, en pénitence s'il est vieux (car il faut désormais être très, très vieux pour avoir joué un rôle actif dans la genèse du IIIe Reich : avoir eu la trentaine en 1933, c'est être aujourd'hui largement nonagénaire), en puissance s'il est jeune [1]. Ou plutôt, *Gott sei dank*, en impuissance. Mais pour combien de temps ? Méfiance, méfiance. Avec ces gens-là...

Remarquons aussi qu'une certaine germanophobie, se fondant explicitement sur les abominables souvenirs de la Seconde Guerre mondiale, ou en tout cas jouant habilement sur eux, ne s'est jamais exercée à l'égard de la RDA, au temps pas très gai où celle-ci existait. Du moins dans les cercles intellectuels de gauche, point forcément communistes.

Qu'au nom du pacte de Varsovie les soldats (est)-allemands aient à nouveau envahi la Tchécoslovaquie n'a réveillé en 1968 aucune réminiscence chez ces belles consciences promptes à l'antigermanisme vertueux. Imaginons une seconde ce qu'eût donné, dans les éditoriaux de la presse qui pense, même de droite, une expédition punitive occidentale à forte participation *ouest*-allemande contre un pays d'Europe de l'Est dont la population aurait rejeté le capitalisme, comme les Tchèques rejetaient le socialisme à la sauce soviétique...

Mais à cet opprobre historique, et plus que légitime, contre le passé nazi, l'Allemagne de l'Est, pourtant héritière d'une forte tradition totalitaire, échappa durablement. Je dis totalitaire, et non pas prussienne. Cela serait sans doute pourtant à peu près exact géographiquement ; mais, culturellement et même politiquement, ce serait précisément tomber dans le panneau des clichés (involontairement) antiallemands. Un panneau si largement ouvert que même ceux qui connaissent un peu l'Allemagne, et en tout cas qui l'aiment, n'y échappent pas toujours.

Pourtant, dans la raideur du régime est-allemand, perceptible jusque dans le pas de ses soldats, il y avait sans doute bien quelque chose de prussien. Plus prussien, en tout cas, que, disons, hanséatique, rhénan ou bavarois.

Mais comment oublier que la Prusse fut, sous différentes époques, tout le contraire de ce que nous croyons aujourd'hui : un espace de liberté de l'esprit (c'est Voltaire trouvant refuge chez Frédéric II, mais aussi, parmi bien d'autres exemples, l'extraordinaire et tristement fugace explosion créatrice du Berlin des années vingt) et de progrès social : Bismarck, figurez-vous, avait déjà inventé la Sécurité sociale et les HLM. À telle enseigne qu'il nous fallut, lorsque par bonheur — et à quel prix de sang et de larmes — l'Alsace-Lorraine recouvra enfin le droit d'être française, trouver un statut dérogatoire au régime général français pour les départements du Haut-Rhin, du Bas-Rhin et de la Moselle, afin que leur retour dans le giron de la mère patrie républicaine ne se traduisît pas, sur ce terrain-là, par une régression...

Pour en revenir à la RDA, elle était née, comme la RFA, d'une zone d'occupation étrangère. Mais, au lieu d'avoir pour marraines (assez fortement intéressées, sans doute, mais n'avaient-elle pas chèrement appris à se méfier ?) des démocraties occidentales, elle était filleule d'une dictature. Une dictature qui avait été héroïque dans la lutte contre son ancien allié hitlérien, certes ; mais qui était moins portée sur la rénovation démocratique, et pour cause, que sur le renversement d'alliance ; ou, si l'on veut, sur le retour à l'ancienne alliance.

Je crois que l'on peut dire tout cela sans oublier que des communistes allemands comptèrent parmi les premiers opposants à la (probablement) résistible ascension d'Adolf Hitler, comme un de leurs plus grands écrivains, Bertolt Brecht, devait parler métaphoriquement de *La Résistible Ascension d'Arturo Ui*. Puis, à l'instar des juifs allemands, parmi ses premiers martyrs.

Aux côtés de bon nombre de socialistes, de libéraux, de militants chrétiens, d'anarchistes. Et aussi de représentants de la vieille noblesse prussienne (encore elle !), laquelle tenait, dans sa grande majorité, Hitler pour un voyou. Ce qui peut sembler un peu court dans l'analyse politique — quoique... — mais devait tout de même mener certains hobereaux, qui eussent pu vivre ces épouvantables convulsions dans quelque *Schloss* préservé du côté d'Iéna ou de Potsdam, à devoir poser un soir au fond d'une cave de la Gestapo leur aristocratique visage, ou ce qu'il en restait, sur le billot de bois d'un bourreau en frac, hache au poing.

Mais il m'a toujours semblé extravagant que l'on tînt par principe les Allemands de l'Ouest, longtemps dirigés par d'anciens résistants — Konrad Adenauer en tête, en chrétien-démocrate logique qu'il était ; et que dire du social-démocrate Willy Brandt, ancien combattant antinazi [2] au sens le plus... « Anciens Combattants » du terme ? —, pour suspects de nostalgie nationale-socialiste, cependant que les Allemands de l'Est, dont le régime totalitaire était à tout prendre sensiblement moins éloigné de celui auquel il se substituait — malgré l'absence de tout racisme d'État, ce qui n'est pas rien, mais dans la mesure où il existe un fond commun à toutes les dictatures populistes —, se trouvaient exonérés de tout soupçon à cet égard. L'ouverture des archives de la Stasi [3] a bien montré jusqu'où était allé le souci de remettre, on ne va pas dire à l'honneur, mais du moins en usage, la pratique méthodique de la délation et du chantage sur laquelle la police politique de Hitler fondait une partie de son efficacité.

Je reviendrai sur cette extraordinaire différence de traitement dont firent l'objet, durant quarante ans, les « deux Allemagnes », au regard des clichés hérités du nazisme. Il nous faudra aussi parler de cette « troisième Allemagne » qu'aura longtemps été Berlin, la troisième et à tant d'égards la première. Mais ce qu'il faut bien mesurer avant d'aller plus loin, c'est à quel point l'Allemagne, même encore aujourd'hui, et à plus forte raison durant ces années d'incertitude Est-Ouest, a été marquée par l'héritage de la guerre. Et à quel point la guerre froide n'a été pour elle, durant plusieurs décennies, que le prolongement du second conflit mondial.

Quand, dans un film sur la guerre de 1939-1945, on veut représenter un soldat allemand bon type, brave paysan saxon ou bavarois égarant son physique de benêt gros-plein-de-soupe dans du Wagner, il y a toujours un dialoguiste pour lui faire dire en hochant la tête d'un air pensif, appuyé sur son fusil comme naguère sur sa bêche, et de préférence avec un accent ridicule : « Krieg, gross Malheur ! » Histoire de tirer un effet (petitement) comique d'une constatation de bon sens, mais qui, proférée par un vainqueur navré et provisoire, prend au moment de la projection, toutes libérations accomplies, une dimension cocasse. Grand dieux, oui, pourtant, la guerre a été un grand malheur — et d'abord pour l'Allemagne. 1945 n'est pas, de ce point de vue, une défaite ordinaire.

Tout pays a été, un jour ou l'autre, battu militairement. Même les États-Unis, présumés invincibles, ont eu leur Vietnam (et, comme le Pacifique ne leur réussit pas toujours, ils avaient déjà eu Pearl Harbor). Avant de devenir un concept politique, et même une machine à fabriquer de la paix, la construction européenne fut une interminable succession de guerres, donc de défaites sanglantes, y compris pour de grandes puissances de l'époque : l'Espagne, la Prusse, la Grande-Bretagne, la maison d'Autriche, la Russie, l'Empire ottoman... Et que dire de la France, dont l'histoire, pour beaucoup d'écoliers, se résuma longtemps à une décourageante litanie de victoires et d'échecs, tous régimes confondus ?

Mais la défaite allemande de 1945 est d'une autre nature. Quand Napoléon Ier perd à Waterloo, ou Napoléon III à Sedan, on devine sans peine que c'est la fin d'un règne, mais certainement pas celle d'une identité nationale. Quand les Alliés d'un côté, l'Armée rouge de l'autre scellent la capitulation du IIIe Reich, ce n'est pas seulement le nazisme qui s'écroule dans la déroute pathétique de ses derniers soldats — des gamins de dix-sept ans ou des retraités de soixante-dix, réquisitionnés comme on racle un fond de tiroir après avoir tout dépensé, tout gaspillé —, c'est, d'une certaine façon, l'identité allemande.

En tout cas, on pourra le croire à l'époque. Elle va peser longtemps sur les épaules du peuple germanique, cette notion de *Kollectivschuld* , de « faute collective », qui fera de tout Allemand, aurait-il eu cinq ans à l'avènement du Führer, voire à sa chute, un héritier de l'abomination. Remarque au passage : ce terrible sentiment de culpabilité, ce ne sont pas les derniers survivants d'un appareil nazi qui l'éprouvent dans leur fuite éperdue, quelques lingots dans la valise, vers des indulgences sud-américaines et fascoïdes. Ni même ceux que l'on juge à Nuremberg, qui auront le front de prétendre qu'ils n'ont que faire de cette « justice des vainqueurs » contre les vaincus, alors qu'il s'agit au contraire, pour la première fois dans l'aventure humaine, de juger des crimes contre l'humanité, avec les mêmes garanties pour les accusés que s'ils répondaient d'un simple vol de bicyclette.

Non : ce sont, dans leur masse, ces Allemands de la rue, le terme s'impose à ce moment-là, qui crochètent dans les poubelles des vainqueurs de quoi se chauffer un peu et ne pas mourir de faim. Un soir de confidences, dans les années quatre-vingt-dix, Helmut Kohl dira à François Mitterrand que, selon des estimations sérieuses, vingt mille femmes allemandes ont été violées par les troupes occidentales (et *quid* du côté oriental ?). Mais que pèse la tardive douleur des vaincu(e)s après Oradour, les pendus de Tulle et les fusillés du mont Valérien, pour n'évoquer que des exemples français ? Qui va plaindre les ressortissants d'un pays — est-ce encore un pays ? — qui a « fait » Auschwitz ? L'Allemagne de 1945 n'est pas seulement un pays vaincu : c'est, au sens propre, un pays *défait*.

On me dira que tout cela est loin, et qu'il y a beau temps que les réalités allemandes ne se jaugent plus à cette aune-là. Certes — et heureusement ! Mais on ne comprendrait pas grand-chose à l'Allemagne de cette fin du XXe siècle si l'on ne prenait la vraie mesure de ce que fut pour elle l'année zéro : 1945. Aucun peuple, même les

Japonais, n'a été aussi brutalement renvoyé à la case départ, avec la nécessité de bâtir, en fait d'aventure collective, quelque chose de complètement différent.

D'autant plus qu'Adolf Hitler était arrivé au pouvoir légalement, contrairement aux vainqueurs de telle ou telle révolution ou guerre civile. C'est en tout cas l'apparence offerte par ces fameuses législatives de 1933 que l'on devait tant reprocher par la suite au peuple allemand. Des élections en réalité totalement biaisées par la misère, les imprudences des vainqueurs de 1918 et des rédacteurs du traité de Versailles, la faiblesse chronique de la République de Weimar. Et, sans doute plus que tout, la violence des affrontements de rues entre extrémistes des deux camps, résolus à créer un climat insurrectionnel dont le « parti de l'ordre », en tout cas autoproclamé tel, le NSDAP [4], allait finalement, de justesse, recueillir seul les fruits pourris.

Sur la base d'un programme qui aurait évidemment dû alerter les millions de citoyens ordinaires, point nécessairement fascistes, qui lui apportèrent leurs suffrages, mais dans lequel ne figurait pas le déclenchement de la Seconde Guerre mondiale, ni même exactement, quoique l'on eût pu le lire entre les lignes, la mise en œuvre du génocide.

Il y a plus étrange, et plus scandaleux : né d'une crise très grave, et d'un malentendu plus dramatique encore, le nazisme a été populaire. Pas jusqu'en 1945, bien sûr ; encore que tout régime totalitaire ait ses jusqu'au-boutistes fanatiques : il doit bien se trouver, au Cambodge évoqué plus haut, des survivants pour penser que

Pol Pot avait raison. Mais il a été perçu, étonnamment tard dans la folie (auto)destructrice, comme l'instrument d'une résurrection nationale et d'un redressement moral, d'un triomphe des « vraies valeurs » allemandes, alors qu'il en était le contraire à peu près exact, le négatif photographique.

Évidemment, il est toujours difficile d'apprécier le soutien réel dont bénéficient, dans l'opinion, un système et un homme qui veillent justement à priver celle-ci de toute expression libre et s'ingénient au contraire à en canaliser et mettre en scène l'enthousiasme « spontané ». Avec, en l'espèce, quelle recherche dans le paganisme théâtral, et quelle magistrale ingéniosité pour arriver à faire que la foule, en quelque sorte, s'impressionne elle-même, se tienne elle-même en respect ! Mais quoi : non seulement, je le disais, l'Allemagne a été nazie, mais, dans sa masse, elle a, pour un temps, aimé ça, après l'avoir voulu. Et jetons un voile pudique sur l'enthousiasme avec lequel tant d'Autrichiens accueillirent l'Anschluss, qui leur permit ensuite de se poser en victimes de la barbarie nazie, en « malgré-nous » de la géostratégie hitlérienne.

On pourrait, il est vrai, répondre à ces observations, hélas incontestables, trois choses.

La première est que, dans l'Europe des années trente-quarante, le fascisme, l'antisémitisme, la haine méprisante d'une démocratie pas toujours exaltante d'ailleurs, c'est un euphémisme, se portaient bien. Et que le nazisme trouva, hors d'Allemagne, des concours parfois massifs et des zélateurs qui n'avaient même pas l'excuse fort discutable du patriotisme, tout au contraire (mystère de l'extrémisme de droite, qui peut parfois se révéler aussi internationaliste, pour le pire seulement, hélas, que l'extrémisme de gauche !). Mais le fait d'avoir recruté, çà et là, des complices et des comparses n'exonère pas le criminel, tant s'en faut.

En second lieu, il faut tout de même dire que, ses forfaits abominables, l'Allemagne de 1945 les a payés au prix fort. Il ne s'agit pas ici, de soupeser si le bombardement de Dresde au phosphore, sans guère d'autre nécessité que de semer la terreur absolue chez les civils, l'anéantissement de Hambourg ou de Berlin, d'une nécessité stratégique un peu plus convaincante, et les terribles dégâts occasionnés à Cologne, Munich et de nombreuses autres cités de toutes tailles équilibrent et compensent la guerre d'agression lancée contre la Pologne, donc la France, l'Angleterre, la Yougoslavie, la Russie et tant d'autres — et encore moins, bien sûr, l'Holocauste. Il s'agit simplement de rappeler que, de ces crimes extrêmes, le châtiment lui aussi fut extrême.

On disait jadis — invérifiable et surréaliste jeu de Lego, mais l'image est parlante, et le calcul sans doute point faux — que si l'on avait empilé toutes les ruines de l'Allemagne sur un mètre carré, on aurait dressé une colonne capable d'atteindre la lune... Ajoutons que ce qui n'avait pas été détruit, et qui présentait quelque intérêt industriel, devait être démonté et emporté, tantôt vers l'Est, tantôt vers l'Ouest, au titre de réparations. Il est vrai que l'occupant allemand s'était suffisamment payé sur l'occupé, en richesses de toute nature, y compris en force de travail, pour que l'Histoire, ayant renversé le sort des armes, joue à son tour les comptables et fasse un peu rendre gorge, autant que faire se pouvait encore, aux pillards d'hier. Lesquels ne pourraient jamais, de toute façon, « rembourser » tant de millions de vies et de dizaines de millions d'existences brisées à jamais.

En 1945, il y avait, un peu partout en Europe, voire en Amérique, en Afrique, en Asie, en Australie, beaucoup de gens à qui il faudrait du temps pour réapprendre que l'Allemagne était — aussi — le pays de Goethe, de Schiller, de Heine, de Beethoven, de Brahms, de Bach (et même de Mozart, historiquement). Et les mânes de Wagner mettraient quelques lustres à se dépolluer, tel un cormoran englué dans la marée noire, d'avoir été enrôlées de force dans l'orphéon officiel des grand-messes nationales-socialistes.

Et puis — troisième observation — les Allemands de 1945 sont punis aussi dans ce qui leur tenait peut-être le plus à cœur : la renaissance, voire la naissance, d'une grande nation germanique. Contrairement à la France, l'unité allemande n'est à peu près jamais allée de soi, « avant » ; même la Prusse n'avait eu qu'un rôle fédérateur, certes essentiel, mais tardif. Le nazisme a compromis (au deux sens du terme : il l'a rendue difficile à mettre en œuvre, mais aussi il l'a souillée) jusqu'à l'idée même de nation allemande.

En quatre années, les trois zones d'occupation occidentales d'un côté, la zone soviétique de l'autre vont devenir deux États distincts. Sans parler du statut de Berlin, morceau de roi pour les passionnés de droit international public — il y aura des berlinologues, comme on pourra parler des kremlinologues — mais défi au bons sens, et plaie jamais refermée de l'inconscient collectif. C'est d'ailleurs de là que viendra, dans la nuit du 8 au 9 novembre 1989, le signal de l'effondrement de l'univers communiste, mais aussi le coup de sifflet final de cet étrange match planétaire que l'on aura appelé la guerre froide.

Bon, d'accord : en 1945, il valait mieux ne pas être allemand. Même si, quelques années auparavant, il avait été au contraire plus confortable de l'être — à condition, bien sûr, et la restriction n'est pas mince, de n'être ni démocrate, ni juif, ni tsigane, ni homosexuel, ni déviant de quelque nature que ce soit au regard du régime le plus lugubrement normatif que la terre ait jamais porté (et pourtant !), c'est-à-dire, tout simplement, libre d'esprit.

L'identité nationale allemande ainsi remise en question, voire discréditée à jamais, du moins pouvait-on le croire à l'époque, l'État, ou plutôt les États, qui s'en réclamaient malgré tout, placés sous tutelle, et même sous occupation militaire — c'était bien leur tour. Le potentiel industriel dévasté. Les villes rasées, beaucoup de zones rurales ravagées. Deux millions et demi de morts, et près de deux millions de « disparus » civils et militaires, dont bon nombre le resteraient à jamais, sans parler des deux millions de prisonniers, qui, eux, ne le resteraient pas longtemps, du moins à l'Ouest. Rude paysage !

Et pourtant, il y a aujourd'hui, au cœur de l'Europe, un pays, un grand pays même, à peine moins grand que la France par la superficie, supérieur à elle par la population et, croyons-nous souvent, par beaucoup d'autres aspects, qui s'appelle justement l'Allemagne. Qui parle l'allemand, qui pense allemand, qui vit allemand. Et qui s'est même payé le luxe de se réunifier, avec la bénédiction faiblement enthousiaste de ses anciens vainqueurs.

Mais qui traîne, dans notre inconscient ou dans notre conscient, et comme une vieille dette jamais tout à fait éteinte, jamais vraiment remboursée (mettons une sorte d'emprunt russe tiré sur le fonds inépuisable des stéréotypes nationaux), des images héritées, à côté de celles qui sont nées de sa reconstruction démocratique et pacifique, de cette période extravagante, fascinante et atroce du nazisme. « *Die Schatten der Vergangenheit* », chantait Marlene. Les ombres du passé ? Voyons un peu.

CHAPITRE 2

Contes et légendes de la nostalgie

Fermons les yeux — pour mieux les rouvrir ensuite — et imaginons une seconde qu'existe en Allemagne une grande formation d'extrême droite. Un parti qui s'appellerait par exemple *Nationalfront* et qui disposerait à sa tête d'un excellent tribun populiste, prodigue en bons mots à connotation douteuse et tenant à l'occasion l'Holocauste pour un détail de l'histoire. Un parti qui se serait bâti une forte assise électorale, notamment — mais pas seulement — dans les milieux sociaux les plus modestes ; et dont les candidats recueilleraient parfois une majorité au moins relative de suffrages dans certaines régions importantes et peuplées. Un parti dont le chef et ses principaux adjoints bénéficieraient, dans leur croisade contre les immigrés, la construction d'une Europe des démocraties, le relâchement des mœurs, voire la présence dénoncée comme numériquement abusive des juifs dans les médias, d'innombrables apparitions et mentions à la télévision...

Cauchemar ! « Ils » recommencent ! D'ailleurs c'était prévisible, avec tous ces Allemands (car, malgré de réels efforts de peuplement étranger, d'origine balkanique le plus souvent, l'Allemagne reste pleine d'Allemands, on ne le dit pas assez). Décidément, « ils » seront bien toujours les mêmes ! Et ils ont bonne mine, tous ces naïfs qui nous expliquaient, oublieux des leçons de l'histoire, que les Allemands avaient changé, qu'ils étaient devenus de purs démocrates, des saints de vitrail de la cathédrale républicaine... Mais cette fois-ci, nous donnerons l'alerte à temps. Que fait la police ?

Oui... Si ce n'est que, tout le monde le sait bien, ce n'est pas « outre-Rhin », expression d'ailleurs partiellement abusive [1], qu'une telle situation existe. Ce serait plutôt, comment dire, en Cisrhénanie.

Il est vrai que certains assassinats d'immigrés turcs par des skinheads, notamment par l'incendie de leurs logements, et dont furent parfois victimes des enfants, sont venus rappeler que l'Allemagne d'aujourd'hui n'était pas totalement à l'abri des démons. Tout comme le comportement de certains supporters, ou prétendus tels, lors de la dernière Coupe du monde de football, battant sauvagement un jeune gendarme jusqu'à le laisser pour mort, baignant dans son sang. Mais qu'il soit permis de dire qu'en l'occurrence ces démons-là semblent surgir bien plus sûrement de l'extérieur, et de la mode la plus contemporaine, que des profondeurs d'un passé spécifiquement allemand.

De même, dans l'histoire de la République fédérale, certaines formations d'extrême droite, soit explicitement nostalgiques du nazisme, soit au moins cousines (germaines, bien sûr) idéologiquement, ont tenté d'exister. La plus connue fut, dans les années soixante et soixante-dix, le NPD (*Nationaldemokratische Partei Deutschlands*, Parti national-démocratique d'Allemagne), qui était d'ailleurs né de la fusion, en 1964, de différents groupuscules, dont le caractère « démocratique » n'était pas, en dépit de l'appellation choisie, le trait commun le plus saillant. Le NPD a fait une entrée fracassante, non au Bundestag, mais du moins dans l'attention internationale, en obtenant 4,3 pour cent des voix lors des législatives de 1969. Il est vite retombé à un niveau plus représentatif de la réalité du néonazisme dans l'Allemagne moderne : un peu au-dessous de 0,5 pour cent des suffrages. La crise et la réunification aidant, la multiplication des groupuscules aussi, ce courant aura quand même légèrement dépassé les 3 pour cent de voix aux législatives de 1998, toutes formations additionnées. Ce sont 3 pour cent de trop, mais il n'y a rien là que de très ordinaire dans les démocraties européennes.

Oui, dira-t-on, mais ces petites organisations relèvent surtout d'un sinistre folklore, plus navrant que réellement dangereux, avec ses pieuses commémorations, ses chants de la Wehrmacht et ses pèlerinages vers une célèbre brasserie de Munich (aujourd'hui disparue) où Hitler prêcha la mauvaise parole, ou encore la maison de Vienne où est réputé avoir vécu le jeune Adolf, à l'époque où il hésitait encore entre l'aquarelle — un peu mièvre, au demeurant — et le IIIe Reich, de facture sensiblement plus virile sans doute à ses yeux. Le vrai danger est ailleurs : il se tapit dans la droite présentable, ou en tout cas dans la droite de la droite — si ce n'est la CDU chrétienne-démocrate, au moins la branche bavaroise de la famille, la CSU chrétienne-sociale.

Chrétienne, mon œil ! Sociale, mon œil ! Bavaroise, vous dis-je. Car pour ceux qui se piquent de dessiner l'Allemagne politique en fonction de leurs propres phantasmes, et de la refaire plutôt que de la connaître, il est en effet entendu que la Bavière est le réceptacle le plus redoutable et le plus avéré de tous les penchants fascisants de l'âme allemande. D'abord parce qu'elle vote massivement à droite. Et quelle droite !

Peu importe que le phénomène soit commun à pratiquement toutes les démocraties, s'agissant des zones rurales. Que le conservatisme avéré, mais assumé, codifié et républicain, de la CSU ait probablement, au contraire, évité toute tentative durable et crédible de percée de l'extrême droite en Bavière, voire dans l'ensemble de l'Allemagne, comme les élections régionales et nationales de 1998 l'ont encore une fois montré. Ou que sa grande capitale, par définition très urbaine, elle, ait assez régulièrement élu ou réélu des maires de gauche, après avoir été le théâtre, en 1919, d'une véritable « Commune de Munich », comme on peut parler de la Commune de Paris. Ou encore que Franz Josef Strauss, le feu grand homme de la Bavière, qui brigua plusieurs fois vainement la Chancellerie, ait été tout le contraire de la caricature extraordinairement fausse et malveillante que l'on fit de lui : quoi que l'on ait pensé de son conservatisme foncier, de son goût pour la bière et des vastes culottes de peau qu'il arborait au moment de l'*Oktoberfest*, c'était aussi un homme fin, cultivé, plein d'humour, très favorable à l'ouverture à l'Est, et au passé irréprochable. Je me suis d'ailleurs souvent demandé si la méfiance française pour la Bavière et pour sa capitale ne tenait pas surtout au fait que Munich fut le lieu de l'abdication des démocraties française et britannique devant Hitler, mais passons.

Un peu comme un humoriste américain a pu dire que le problème noir, aux États-Unis, était avant tout un problème blanc, on serait tenté d'écrire que les phantasmes allemands sont surtout un phantasme français. Franchement : prétendre qu'il sommeille en chaque Allemand, ou presque, en tout cas en chaque Allemand de droite, une petite flamme nationale-socialiste, ou disons fasciste, raciste et xénophobe, qui ne demande qu'à venir rallumer les flambeaux et les autodafés de Nuremberg, de Berlin ou de Munich est au mieux une imbécillité, au pire une canaillerie.

Reconnaissons-le d'ailleurs : c'est rarement sous cette forme par trop brutale que l'on en entend formuler l'idée. Mais, plus d'un demi-siècle après la fin de la Seconde Guerre mondiale, on n'ôtera pas facilement de l'inconscient français que l'inconscient allemand reste trouble.

Cette vision décourageante est heureusement moins répandue chez les jeunes Français, pensant aux jeunes Allemands qu'ils auront rencontrés par millions grâce à l'OFAJ [2], aux jumelages de villes ou d'écoles, au tourisme, et, jusqu'au début des années quatre-vingt-dix, au service national dans les désormais défuntes Forces françaises en Allemagne.

Mais surtout, il faut bien mesurer que s'il est

une période dont les Allemands, dans leur masse, *n'ont pas* la nostalgie, c'est bien celle du national-socialisme, même d'avant-guerre, et à plus forte raison de l'hitlérisme de guerre. Pour plusieurs raisons.

La première est que la force toute provisoire, et de plus en plus coûteuse à tous égards, de l'Allemagne nazie a été payée, on l'a dit, au prix fort. Non seulement en destructions et privations, mais en discrédit moral et politique, en déshonneur international et, ce qui était peut-être plus lourd encore à porter, intime.

Encore les vainqueurs de 1945 ont-ils eu la sagesse, contrairement à ceux de 1918 (légitimement obsédés, certes, par le souci du « plus jamais ça », mais maladroits quant aux moyens), de ne pas faire de nouveaux traités de Versailles, Chantilly et autres châteaux diplomatiques. Autrement dit de ne pas chercher à organiser, et fixer pour toujours dans des textes, l'humiliation et la mise en coupe réglée du vaincu. Bien sûr, il y eut les zones d'occupation, le statut quadripartite de Berlin, des dommages de guerre. Mais tout a été fait pour que l'Allemagne des décombres n'ait pas le sentiment que le choix était décidément limité à la honte coûteuse de la défaite ou la renaissance, plus coûteuse encore à terme, dans le nationalisme, le militarisme, voire le fascisme. Bref, entre la servitude étrangère et la servitude intérieure.

Les Allemands d'aujourd'hui n'ont toujours pas oublié qu'ils ont eu, ou en tout cas que les plus âgés d'entre eux ont eu, froid, faim et honte — et à cause de qui ils ont souffert. Et que c'est la démocratie, non un nouveau Führer, ses pompes et ses œuvres, qui leur a rendu la chaleur, la satiété et la fierté.

Dès l'origine, l'aventure hitlérienne fut rude à tous égards pour les citoyens de base, notamment en raison de la militarisation de la société et de l'intense effort de guerre ; elle devait, sur la fin, devenir carrément famélique et inhumaine. Que l'on se rassure donc : les Allemands de la fin du XXe siècle n'aspirent aucunement à renouer avec les joies rudes de la soupe frugale, des ordres aboyés, des chambrées sans chauffage, de l'essence rationnée et de la toilette à l'eau froide. S'ils devaient pécher par quelque excès, ce serait plutôt par l'excès inverse. Ce qui alimente d'ailleurs quelques autres clichés, on y reviendra. Avez-vous remarqué comme ce pays, malgré les campagnes pour les économies d'énergie et la puissance de ses écolos, est surchauffé l'hiver — que dis-je, l'hiver : de septembre-octobre à avril-mai ? On ne rêve plus de bruits de bottes quand on aime à ce point ses pantoufles, ni de martiaux bivouacs de plein vent quand on dépend à ce point du chauffage central.

La deuxième raison qui devrait nous aider à apaiser ces craintes d'un autre âge est que les Allemands sont désormais exactement le contraire de xénophobes murés dans un sentiment de supériorité nationale et dédaigneux des réalités d'un sous-monde non allemand, sous-monde *puisque* non allemand. Il y a même chez eux un goût pour l'univers extérieur — non plus un appétit de conquêtes, sauf à tenir pour telle leur envie de gagner des marchés étrangers, ce qu'ils font regrettablement bien en effet, mais une soif de connaître et de comprendre — qui se manifeste de différentes façons. Et que l'on aimerait, notamment lorsque l'on est journaliste français spécialisé, si l'on peut dire, dans les questions internationales, voir se répandre davantage dans l'Hexagone.

Il n'est, pour s'en convaincre, que de considérer la une, et bien des pages intérieures, de n'importe quel petit journal provincial, voire municipal, au fin fond de l'Allemagne profonde. Les incertitudes du processus de paix au Proche-Orient, les élections au Nicaragua, la préparation du prochain sommet européen ou les inondations au Bangladesh y règnent bien plus sûrement que ce que l'on trouverait dans un organe comparable de tel pays voisin : remise de médaille à la centenaire locale (tous nos vœux, photo avec les élus), le dramatique accident de la nationale 135 (le maire s'est rendu sur les lieux avec le sous-préfet, photo desdits sur fond de ferraille tordue), les problèmes d'adduction d'eau (les élus s'interrogent, photo des élus sur fond de conscience également tordue) ou la nomination d'un nouveau capitaine des pompiers (notre photo, page 13 seulement : lui n'a pas fait l'ENA et n'est pas candidat aux prochaines élections cantonales).

Les Allemands s'intéressent aussi au monde extérieur de mille autres façons. En voyageant, puisqu'ils en ont les moyens et, disons-le, sont toujours en quête de soleil [3]. Mais aussi en militant dans d'innombrables associations, comités de soutien, groupes de pression en faveur de causes lointaines, désintéressées, et immanquablement « droits-de-l'hommistes », du Timor oriental aux paysans péruviens, des sidéens zaïrois aux Tchétchènes, des Kurdes aux dissidents chinois. Y compris quand ils trouvaient normal que le bon M. Kohl, alors chancelier, aille faire des affaires à Pékin, quitte, comme à l'automne 1996, à lui demander avec insistance d'y parler aussi des prisonniers politiques.

Là aussi, je ne crois pas qu'une telle attitude soit le moins du monde compatible avec la nostalgie d'un temps où l'Allemagne (officielle, à ne pas confondre avec la plupart de ses intellectuels) ne s'intéressait à l'étranger que comme le loup au Petit Chaperon rouge. Soit dit en passant, mais on en parlera plus en détail ultérieurement [4], elle me semble aussi démentir le cliché d'une Allemagne qui aurait choisi le « tout matériel », comme la France le tout nucléaire.

Enfin, parmi les idées reçues héritées de la guerre et de l'Occupation, il faut bien évoquer ce qu'on pourrait appeler la « brutalité allemande », version populaire, au fond, de l'arrogance aristocratique prussienne. Une brutalité que la défaite et la misère, qui en fut la très provisoire conséquence, avaient sans doute fait un peu oublier, concéderont les germano-sceptiques, mais que le « miracle allemand » ne tardera pas à restaurer, si ce n'est déjà fait. D'ailleurs, rien que leur langue, hein ?

Quand j'ai commencé à apprendre l'allemand, au lycée Montaigne, notre professeur nous avait raconté, sur le ton de la trouvaille subite, une petite histoire dont les redoublants assuraient qu'elle lui faisait un usage rituel à chaque rentrée. Celle d'un enseignant allemand qui, Hitler *regnante*, commence à apprendre le français à ses élèves et se sent tenu de les mettre en garde contre la triste rugosité de cette langue, par rapport aux beautés chantantes de celle du Grand Reich. « Écoutez, mes enfants, leur dit-il, comme notre propre parler, par comparaison, est mélodieux. Voici par exemple une phrase toute simple : *Die Vögleinen singen in den grünen Baümen* », flûte-t-il, sourire aux lèvres. Avant d'ajouter d'un air dégoûté : « En français, on traduit par : Lé pétit soisso chant' tans les sarbré vér. »

Longtemps, et même encore aujourd'hui, bon nombre de Français n'ont eu de l'allemand (ou en tout cas n'ont gardé de lui) que le souvenir, d'ailleurs le plus souvent acquis au cinéma, de quelques ordres vociférés par des *Feldwebel* à la détente sensible. Des mots courts, inquisiteurs et assez faiblement bienveillants : *Raus ! Achtung ! Schnell ! Los ! Ausweis !* À quoi s'ajoutait au mieux, nostalgie impérissable du temps des rutabagas, l'inusable *Kartoffel.* Imaginons un peu que notre propre langue n'ait laissé, dans tel ou tel pays étranger que nous honorâmes de notre chère présence militaire, que des souvenirs oratoires d'adjudant-chef : Papiers ! Mains en l'air ! Grouillez ! Préz'teeeeez... Harm' !

On ne fera pas à la mémoire des millions et millions de victimes de la barbarie nazie, ou plutôt à leurs descendants, et à ceux qui n'oublient pas et ont bien raison de ne pas oublier, l'injure de croire que seul le caractère présumé guttural de la langue allemande fonde leur hostilité, ou au moins leur méfiance, à l'égard d'un pays, d'un peuple, qui « a pu faire ça ». Ce que je veux dire à travers cet exemple, c'est que la brutalité n'est pas plus intrinsèquement allemande qu'elle n'était consubstantielle à l'âme française lorsque, disons, les troupes de Napoléon fusillaient les patriotes espagnols, ou tel corps expéditionnaire les révoltés malgaches.

J'aime beaucoup l'Angleterre, et je ne voudrais pas avoir l'air de décharger les uns pour mieux accabler les autres, de pratiquer en quelque sorte l'échange standard des clichés, ni surtout de comparer l'incomparable. Mais qu'aurions-nous dit de l'Allemagne si les hooligans qui, au stade bruxellois du Heysel ou dans d'autres circonstances, déchaînèrent une violence féroce alimentée par la surconsommation de bière, et qui fit des dizaines de morts, avaient eu, au lieu d'être anglais, la déplorable idée d'être allemands ? Si les émeutes raciales de Los Angeles ou de Saint-Petersburg (celle de Floride...) et leur répression avaient été, non américaines, mais allemandes ? Si la violence routière qui tue tant de milliers de Français chaque année, dont d'innombrables enfants, était allemande ? Si les preneurs (et à l'occasion assassins) d'otages et poseurs de bombes du Proche-Orient, d'Irlande du Nord ou du Pays basque espagnol, du moins entre deux trêves, étaient allemands ? Si les « pacificateurs » de la Bosnie ou de la Tchétchénie étaient allemands ? Je veux dire allemands d'aujourd'hui, comme ils sont serbes ou russes d'aujourd'hui ?

La vérité est que rien de particulier ne prédestinait les Allemands à devenir pour des décennies, même si la sanglante aventure en elle-même fut brève, des « nazis ». C'est d'ailleurs bien, soit dit au passage, ce qui rend la chose terrifiante : une telle maladie peut frapper *même* un peuple comme les Allemands, en rupture totale, et non en continuité logique, avec ce que fut leur histoire intellectuelle et politique.

Et le frapper si durablement que, tant d'années après, nous ne pouvons pas tout à fait nous empêcher, surtout lorsque survient quelque différend, de faire resurgir, en effet, ces « ombres du passé ». Parfois par commodité. Parfois pour jouer à se faire peur. Souvent par ignorance de ce qu'est aujourd'hui l'Allemagne, mais aussi de ce qu'elle fut avant-hier.

Il faut dire que les Allemands eux-mêmes ne nous aident pas toujours beaucoup. À cause, notamment, de ce qui apparaît chez eux comme un certain goût de l'ordre, et qui peut, tour à tour, parfois simultanément, se traduire par un conformisme si poussé et si répandu qu'il semble érigé en système, et par son exact contraire.

CHAPITRE 3

Un certain goût de l'ordre

En France, nous avons de la chance. Il nous suffit d'ajouter l'adjectif « républicain » aux mots les plus suspects, en particulier aux yeux de la gauche, pour les dédouaner [1]. Les Allemands, bien que le terme existe chez eux tout autant que chez nous, n'ont pas de ces ressources sémantiques. Curieux qu'ils n'y aient pas songé : eux-mêmes, tout comme nous le faisons dans nos livres ou nos articles, appellent volontiers l'Allemagne moderne la « *République* fédérale », sans autre précision.

Petit test. Dites : Ordre, Discipline, Sécurité, et demandez à la ronde quel pays ces mots évoquent. Il est probable que les réponses mentionneront plus spontanément l'Allemagne, avec souvent, en prime, un commentaire ironique ou désolé, que le Sénégal ou le Vanuatu. Ou la France, mère, parmi toute une progéniture flatteuse, des droits de l'homme et d'une charmante indiscipline qu'elle baptise volontiers fantaisie créatrice (et qui peut d'ailleurs l'être : n'allons pas trop loin dans l'autoflagellation).

Mais dites : Ordre *républicain*, Discipline

républicaine, Sécurité *républicaine* — là, oui, on veut bien. On connaît, on est chez nous. En bonne compagnie, entre démocrates insoupçonnables. Même un banquet *républicain* fait tout de suite moins bâfreur, moins congestionné, plus *light*, qu'un banquet tout court.

Pour leur malheur, et à l'occasion pour le nôtre, les Allemands aiment l'ordre. En tout cas, ils en ont la réputation. Et qui se risquerait à la prétendre injustifiée n'aurait manifestement jamais tenté de traverser au feu vert une chaussée même déserte à Bonn ou à Francfort.

Aiment-ils plus l'ordre que les Britanniques ? Que les Suisses, même francophones, même — osons la question — italophones ? Que les Scandinaves ? Notamment, oui, pour traverser la rue, ou pour y rouler ? Je ne le jurerais pas. Mais le problème n'est pas tant ce certain goût pour l'ordre, la discipline, etc., que la capacité de le préférer à d'autres valeurs, de le mettre, en somme, au-dessus de tout.

C'est au fond de ce besoin d'ordre que Hitler a tiré jadis les moyens de son arrivée légale au pouvoir. Mais par l'effet d'une illusion tragique : le sanglant désordre dans lequel sombrait la République de Weimar, et dont la plupart des Allemands de toutes conditions ne voulaient plus, était très délibérément entretenu par l'action de rue, tumultueuse, haineuse et souvent même meurtrière, des militants nazis contre les communistes, les sociaux-démocrates, les démocrates tout court, les juifs, les étrangers.

Il avait aussi, bien sûr, deux autres causes majeures au moins : le chômage endémique et une inflation d'anthologie, dont la combinaison, s'ajoutant au discrédit des hommes politiques traditionnels, ne pouvait que ruiner d'une main sûre, et à tous les sens du terme, un régime de misère intérieure et de faiblesse extérieure. Hitler et ses sbires sentirent parfaitement tout cela. Une fois au pouvoir, ils auront en effet assuré le rétablissement de l'ordre. Mais quel ordre, pour combien peu de temps, et à quel prix !

C'est aussi, remarquons-le en passant, de cette soif d'ordre que vient depuis cinquante ans, et en dépit de tous les clichés, le rejet profond et massif du nazisme. Car le règne national-socialiste, ses interdits innombrables, humiliants et mutilants pour une société jusqu'alors plus avide de culture, plus riche de réflexion et de création qu'aucune autre sans doute en Europe (pour une bonne part grâce à ses intellectuels juifs !), ce règne, donc, aura finalement été perçu, une fois engrangés et appréciés les bénéfices d'indéniables réussites industrielles, comme un profond désordre de la pensée. Quant à l'apocalypse finale, elle pouvait encore moins passer, bien sûr, pour le triomphe de l'ordre.

Car si les Allemands aiment l'ordre, ils l'apprécient surtout, depuis un demi-siècle en tout cas, au service de la paix. La paix entre les nations, certes, mais aussi entre eux-mêmes, et en eux-mêmes. La paix sociale. La paix de l'âme. « *Alles in Ordnung* » (« Tout est en ordre ») se soupire volontiers avec satisfaction, presque avec volupté. Ce n'est pas très différent de l'« Une place pour chaque chose, chaque chose à sa place » de nos grand-mères, mais les chères têtes grises n'en faisaient pas, elles, un concept politique. Ce qui ne les empêchait d'ailleurs pas de voter de préférence pour les partis de l'ordre et de regarder d'un œil infiniment circonspect ceux qui se réclamaient du « mouvement ».

On peut avoir l'impression qu'en Allemagne, aujourd'hui, en dehors d'un double extrémisme qui ne survit plus qu'à l'état de traces, comme disent les chimistes, il n'existe justement *que* des partis de l'ordre. Même si l'unification a semblé tempérer pour un temps ce diagnostic, ou a obligé, en tout cas, à réserver le pronostic. La nature allemande a horreur du conflictuel, dirait-on. Presque de la politique, telle que nous l'aimons, nous, tout en feignant de la mépriser. « Savez-vous pourquoi notre parti, malgré le caractère très approximatif du personnage, a finalement préféré Schröder à Lafontaine ? me disait juste avant les législatives allemandes de septembre 1998 une responsable du SPD de Munich. Parce que Lafontaine est un homme de programme et d'idéologie. Et que chez nous, même à gauche, l'idéologie est une chose dont on ne raffole pas, ou plus. »

Depuis son fameux congrès de Bad-Godesberg, en 1959, la social-démocratie a renoncé à proposer, et à plus forte raison à incarner, une contre-société. Patronat et syndicats jouent la concertation au sein d'une cogestion longtemps présentée comme un modèle infaillible. On verra plus loin [2] où l'on en est aujourd'hui à cet égard, mais peu importe pour l'instant. Et le système consensuel a su digérer les Verts, un temps perçus comme les trouble-fête, mais plus attentifs désormais, semble-t-il, à devenir des notables, et à se combattre mutuellement, qu'à chambouler la société. *Alles in Ordnung*, oui.

Ces rappels en forme de concessions aux idées reçues étant faits (car, encore une fois, tout n'est pas faux dans les clichés sur l'Allemagne), ai-je un peu plus de chance d'être cru si je prétends que les Allemands auront aussi marqué le XXe siècle européen par un anticonformisme parfois révolutionnaire ? Et qu'il n'y a probablement sur notre continent aucun autre peuple dont une partie au moins ait, autant qu'eux, cherché à « changer la vie » ?

Passons rapidement sur les lendemains tumultueux de la Première Guerre mondiale. Même s'il n'est pas sans signification, s'agissant d'un peuple éternellement présenté comme conformiste, bourgeois et conservateur, que l'une des rares révolutions intellectuelles et ouvrières européennes du siècle, en dehors de l'immense bouleversement soviétique (immense dans sa naissance comme dans sa chute), ait eu lieu en Allemagne. L'insurrection spartakiste de 1919 peut sembler bien lointaine aujourd'hui ; elle n'a connu d'autre issue que la répression, et, malgré quelques références dans les discours de l'extrême gauche contemporaine, elle n'a pas vraiment eu de descendance.

Mais l'histoire de la République fédérale a été, elle aussi, marquée par trois grands « désordres », entre lesquels je ne tente évidemment ici aucun amalgame abusif, même si certaines passerelles ont pu exister parfois : le gauchisme, le terrorisme et l'ensemble du mouvement écologiste, « alternatif », féministe et pacifiste.

Ces courants auront eu au moins en commun d'être nés en réaction contre le conformisme ambiant, et plus encore un consensus jugé abusif, voire étouffant ; cela d'autant plus que, quand ils ont commencé à émerger, l'Allemagne ne sortait d'un long règne chrétien-démocrate et libéral que pour entrer dans une coalition où droite et gauche, ayant accordé leurs violons dans les tonalités moyennes et le moderato, allaient gouverner ensemble : rien de très exaltant, donc, pour une jeunesse qui n'échappait pas plus en Allemagne que dans les autres démocraties aux premières démangeaisons de la contestation.

Une autre caractéristique commune à cette mouvance plus ou moins *radicale* (au sens premier français, bien sûr, qui est aussi le sens anglais ou allemand ; rien à voir avec Edgar ou Maurice Faure) est de s'être développée dans un rapport inévitablement, quoique sans doute involontairement, ambigu avec l'« autre Allemagne ». La RDA se voulait un contre-modèle, sur à peu près tous les plans ; à nos yeux, et à ceux de l'immense majorité des Allemands, y compris de l'Est, elle fut surtout un contre-exemple. Mais la présence d'un État « socialiste » à côté de la République fédérale, et en opposition à elle (opposition d'ailleurs de plus en plus trouble, elle aussi, au fur et à mesure que les années passaient), ne pouvait pas ne pas polluer et la démarche des gauchistes de la RFA, et l'appréciation alors portée sur eux.

L'ouverture des archives et des dossiers de la Stasi a permis de mesurer que les bien tentantes accusations de manipulation et de subventionnement par l'Est lancées contre les organisations gauchistes de l'Ouest n'étaient malheureusement pas toutes infondées, il s'en faut même de beaucoup, quoiqu'on ne l'ait guère dit chez nous.

Qu'un État allemand totalement contrôlé par l'Union soviétique, et qui se voulait à la fois la vitrine et le fer de lance des « démocraties populaires », ait fait tout ce qu'il pouvait pour déstabiliser un autre État allemand — vitrine, lui, de l'Occident, et où la démocratie était réelle (et réellement populaire) — qui s'en étonnera ? Mais quand on a fait ce constat d'évidence, on n'a encore rien dit : Berlin-Est a bien pu « aider » les gauchistes ouest-allemands, cela n'aurait pas suffi à donner à ceux-ci tant de — provisoire — séduction auprès de si nombreux jeunes, tout au contraire.

Il fallait donc bien qu'ils expriment quelque chose de fort, qui tintait agréablement aux oreilles de la première génération qui n'avait pas vécu le nazisme et la guerre, ou en tout cas ne les avait pas vraiment connus, celle qui avait vingt ans dans les années soixante. Et qui avait grandi dans le culte de la reconstruction, du travail, de l'ordre (*républicain* !), de la productivité. Bref, la génération qui était, pour la première fois, en mesure de dénoncer la société de consommation sans être hantée par le souvenir de la société de non-consommation des années quarante.

Cela commença, autour de 1965, par la naissance de l'APO [3], opposition résolument extra-parlementaire, et qui entendait bien le rester — ce qui, en démocratie, n'est jamais très bon signe. Il y eut les étudiants socialistes, en rupture de ban avec les caciques du SPD. Il y eut la grande et violente manifestation contre la visite du shah d'Iran à Berlin, au printemps 1967, au cours de laquelle l'étudiant d'extrême gauche Bruno

Ohnesorg — dire que son nom signifie « sans souci » ! — fut abattu par la police anti-émeutes, et qui marqua en quelque sorte, avec treize mois d'avance sur la France, le début du « mai 68 » allemand. Un mai 68 dont la figure emblématique serait d'ailleurs, au Quartier latin, un étudiant allemand, à l'évidence surdoué pour l'impertinence, Daniel Cohn-Bendit, que la préparation des élections européennes de 1999 devait d'ailleurs ramener sur la scène politique française, trois décennies et bien des désillusions plus tard. En mars de cette même année, le dirigeant contestataire Rudi Dutschke avait, de son côté, été victime d'un attentat... Il y eut une prolifération de mouvements, soit très basistes et ponctuels, dans leur objet comme dans leur implantation, avec, notamment, les *Bürger-Initiativen* (littéralement « Initiatives de citoyens »), soit au contraire fortement idéologiques, et d'importance, en principe, nationale.

Avec un double génie qui semble propre, à la fois, à l'extrême gauche européenne et à l'intelligentsia allemande. D'abord celui de la division, qui rendait difficile au non-initié de suivre la constante recomposition-décomposition de la nébuleuse gauchiste. Et celui de la théorisation la plus abstraite, d'autant plus imperméable aux réalités de la classe ouvrière qu'on s'en voudrait l'avant-garde éclairée. Comme si l'extrême gauche allemande s'était appliquée, jusque dans ses excès, à rester fidèle à une certaine Allemagne de caricature : non la « nôtre », disons pour simplifier celle du conformisme bourgeois, mais celle des intellectuels tourmentés, plus enclins à refaire le monde en de longues nuits enfumées et enfiévrées qu'à le voir tel qu'il est.

En dira-t-on autant du terrorisme ? Oui, au fond. Si ce n'est que cette violence-là, d'une tout autre nature, évoquait malheureusement beaucoup moins la tradition fortement coupeuse de cheveux en quatre des intellectuels allemands que celle, plus coupeuse de têtes, des petits groupes fascistes d'avant-guerre, ou, si l'on veut être un peu moins désagréable, des commandos (qui, eux, il est vrai, risquaient leur peau). Il y avait chez eux un côté « groupuscules des dieux » qui rappelait fâcheusement quelque chose.

La flambée terroriste des années soixante-dix, qui culmina mais aussi s'éteignit à l'automne 1977 avec l'affaire Schleyer et le triple suicide, contesté par l'extrême gauche, dans la prison de Stammheim [4], aura été avant tout l'œuvre d'un relativement petit groupe, la RAF (*Rote Armee Fraktion*, traduit de façon un peu discutable par « Fraction armée rouge »). Appuyée, il est vrai, comme tout bon réseau clandestin, sur des sympathisants qui pouvaient apporter une aide logistique et brouiller les pistes. L'existence de ces *Sympathisanten* aura au moins autant intrigué que celle des preneurs d'otages et poseurs de bombes proprement dits.

Elle a en outre provoqué — là aussi, dans la meilleure tradition allemande, celle que nous ignorons si communément — un vaste débat, un peu oublié aujourd'hui, mais de très grande qualité, entre intellectuels. Günter Grass, Heinrich Böll et tant d'autres se seront longuement et gravement interrogés et interpellés, dans les colonnes de *Die Zeit* ou d'autres publications de haut niveau : pourquoi le terrorisme ? Et pourquoi chez nous ? Qu'avons-nous fait, ou manqué, pour que de jeunes Allemands en arrivent là, en pleine démocratie, en pleine prospérité ?

Aux violences verbales des gauchistes comme aux violences physiques des terroristes, certains ont avancé une explication : l'absence, dans l'Allemagne fédérale de l'époque, de toute opposition d'extrême gauche populaire et parlementaire — en clair : le manque d'un vrai Parti communiste allemand.

Il y avait bien les *K Gruppen*, comme on disait, les « groupes communistes ». Mais ils étaient en fait, et sans aucun mystère pour quiconque, de très petites et très peu crédibles officines de la RDA, et dépourvus de toute assise électorale, même s'ils présentaient souvent des candidats aux différents scrutins. De sorte qu'un Parti communiste digne de ce nom aurait cruellement fait défaut au paysage politique allemand. Possible, après tout : rien de tel qu'un bon vieux PC pour, justement, remettre de l'ordre et tenir la boutique... Mais reconnaissons qu'avec, en face, l'Allemagne de l'Est, le rideau de fer et le mur de Berlin, un tel parti n'était pas facile à vendre. Les désillusions de la réunification et un hâtif changement de nom aura il est vrai permis aux héritiers du PC est-allemand, devenu le PDS de Gregor Gysi, de recueillir plus de 20 pour cent des suffrages aux élections de 1998 dans les « nouveaux Länder » de l'Est...

Mais c'est sans doute du côté de la non-violence, déclarée ou sous-entendue, qu'il faut chercher ce que l'Allemagne des décennies écoulées aura apporté de plus neuf et de plus efficacement hostile à l'ordre établi, au consensus autour du « modèle ». Même si, là non plus, la postérité n'a pas été très bonne fille...

Encore pourrait-on en discuter. Les Verts, les pacifistes, le mouvement des alternatifs en faveur d'une autre façon de vivre et de travailler (ou de ne pas travailler), les féministes, c'est un peu, aujourd'hui, comme les langues mortes : on ne parle plus le latin ou le grec ancien, mais nos propres idiomes sont truffés de mots qui en viennent tout droit. Ces mouvements n'ont ni changé fondamentalement les mœurs, ni obtenu le désarmement nucléaire ou même simplement conventionnel, ni toujours réussi à protéger l'environnement ou à promouvoir une égalité absolue entre hommes et femmes. Mais ils ont essaimé dans la société allemande.

Curieusement, ils se sont peu exportés, vers la France notamment. Bien sûr, nous avons nos propres écolos ; nous avons eu le MLF ; et certains se sont eux aussi pris à rêver de changer la vie, tel Gébé phantasmant avec poésie et talent sur l'« an 01 » (le pacifisme, lui, est resté trop associé, dans les esprits, au PCF, alors fervent défenseur de l'État le plus militariste du monde, pour être très crédible — et puis François Mitterrand a fait ce qu'il fallait pour cela). Mais la marginalité, à de très rares exceptions près, et même avant une crise qui y a plongé bien malgré eux tant de jeunes et moins jeunes, n'a pas fait durablement rêver, une fois les derniers soixante-huitards revenus des Cévennes pour cause de mévente du fromage de chèvre. Elle est d'ailleurs restée, justement, une aspiration de citadins à une vie rurale gentiment idéalisée — la bergerie de Marie-Antoinette revisitée par les babas cool — et non devenue, comme en Allemagne, une sorte de contre-société libertaire urbaine.

Laquelle a, de toute façon, beaucoup de plomb dans l'aile de nos jours. Peut-être tout simplement parce que, sans faire de bruit, en toute tranquillité, ce « certain goût de l'ordre » a finalement pris sa revanche sur ceux qui rêvaient de briser le carcan d'un consensus et d'un conformisme politiques, mais surtout sociaux et moraux, qu'ils jugeaient sclérosants. La contre-société, tout doucement, a oublié le *contre*. L'unification et la crise l'y ont sans doute aidée. Cédons un instant, à notre tour, à la commodité des idées préconçues, et ajoutons : l'habitude, aussi ; et la germanité, sans doute.

Et puis, le monde avait changé. Le modèle occidental de société, avec l'effondrement du communisme, n'avait pas plus besoin d'être défendu qu'attaqué. Pour maintenir son vol, la contestation allemande avait sans doute besoin de quelques vents contraires. Tout comme, il est vrai, le modèle officiel s'était très abondamment nourri d'anticommunisme, ce qui ne semble d'ailleurs pas lui avoir trop mal réussi. Pourtant, il y avait longtemps que, sur le papier, l'Allemagne avait fait son adieu aux armes — en tout cas, aux siennes.

CHAPITRE 4

L'adieu aux armes

« Le militarisme allemand ». « Halte aux revanchards de Bonn ». « La politique agressive du complexe militaro-industriel de la RFA ».

L'aurons-nous lu et entendu, tout cela, et à satiété, durant des lustres ! Sans doute le fait d'habiter, à l'époque de mon adolescence, dans ce que l'on appelait alors une banlieue rouge, m'y a-t-il beaucoup aidé. Tout particulièrement lorsque de Gaulle scella avec Adenauer, en 1962-1963, une réconciliation franco-allemande qui était d'ailleurs déjà largement entrée dans les faits (incroyablement vite, même, quand on y pense). « Le pardon n'est pas l'oubli des crimes d'hier, ni des périls de demain ! » La belle affiche, je me souviens... C'est tout juste si le chef de la France libre n'était pas traité de collabo.

Il y a pourtant peu de peuples en Europe à qui le désir de guerre, ou simplement la moindre pulsion belliciste, la moindre envie de voir claquer son drapeau sur un champ de bataille voisin ou fort lointain, soient aussi étrangers qu'aux Allemands. L'aspiration à la paix, à son maintien, à sa consolidation par tous moyens, est chez eux aussi répandue qu'elle peut l'être chez certaines de leurs anciennes victimes. Pas toutes, certes. Mais je pense notamment à la Pologne ; et même, dans ses profondeurs, au peuple russe, périodiquement entraîné dans des opérations de maintien de l'ordre colonial qu'il aura, sous différents maîtres, détestées.

Il est très singulier que cette image d'une Allemagne avide de revanche (ou, au moins, de présence) militaire ait pu avoir quelque crédit, durant un tiers de siècle — en gros, du débat sur la Communauté européenne de défense, au début des années cinquante [1], jusqu'à la fin de la « bataille des euromissiles », au milieu des années quatre-vingt —, dans un pays comme la France. Même si c'était avec le concours actif des supporters nationaux et étrangers de l'« autre Allemagne », celle qui, précisément, était militarisée jusque dans sa société civile.

Imaginons une seconde, en effet, que ç'ait été l'Allemagne, et non la France, qui se soit lancée dans la guerre d'Indochine puis d'Algérie, et dans l'expédition de Suez de peu glorieuse mémoire, aux côtés des Britanniques ; qui ait si souvent envoyé des troupes en Afrique (où elle aurait entretenu des bases militaires importantes, faisant et défaisant au passage bon nombre de présidents locaux, en fonction de ses intérêts), au Liban ou ailleurs, fût-ce à des fins humanitaires, et à coût humain élevé ; et qui se soit dotée, entre-temps, de l'arme nucléaire... Que n'eussions-nous pas dit ?

Tout cela, il est vrai, les « sorties » militaires comme la possession de bombes atomiques, lui était interdit par sa Loi fondamentale [2]. Laquelle, au moins dans son esprit, devait certes beaucoup à l'amicale sollicitude des trois puissances occidentales d'occupation ; et même, sur ce chapitre-là, au souci de ne pas effaroucher Moscou. Mais s'il est une disposition constitutionnelle qui a parfaitement et constamment répondu à une demande quasi générale, et qui a été respectée méticuleusement, c'est bien celle-là !

Au point que, bien des années plus tard, ce seront les alliés de l'Allemagne qui accueilleront avec soulagement la décision de la Cour de Karlsruhe, l'équivalent de notre Conseil constitutionnel, reconnaissant enfin à la Bundeswehr, l'armée fédérale allemande, le droit de participer à des opérations humanitaires dans l'ex-Yougoslavie. Ce à quoi la RFA se prêta le plus tard possible, et avec tout l'enthousiasme guerrier d'un militant pacifiste recevant, après avoir multiplié les démarches pour y échapper, sa feuille de route.

Il faut dire — et c'est là un très important bémol — qu'en fait de sécurité, et même de militarisation, l'Allemagne (pour le coup, de l'Est comme de l'Ouest) a largement été pourvue par les protecteurs et alliés respectifs de ses deux États. On peut même dire sans risque d'erreur que, de toute l'histoire de l'Europe, jamais une telle concentration d'armes et de troupes étrangères n'aura été réalisée dans un pays officiellement — et d'ailleurs réellement — en paix. Et que le caractère étranger de ces troupes et de ces armes, en particulier les armes nucléaires, aura beaucoup contribué à la puissance du mouvement pacifiste — même si, on l'a dit, ce dernier recevait, à l'Ouest, l'aide active de l'Est.

Condamnée durant ses quarante-cinq premières années d'existence au statut de territoire occupé, l'Allemagne fédérale en aura, tout à la fois, pâti et bénéficié.

Pâti, puisqu'elle devait accepter sur son sol la présence de centaines de milliers de soldats étrangers, dont quelque soixante mille Français (près de cent mille, même, si l'on compte les familles des sous-officiers et officiers). Que ces « occupants »-là soient très vite devenus des protecteurs, puis des alliés, et enfin des obligés et des amis — ce qui ne veut pas dire des amis obligés — devait certes diminuer le fardeau politique et moral, et même donner matière à quelques subtiles et cocasses revanches psychologiques. Surtout si l'on songeait au statut, fort différent, des troupes d'occupation soviétiques en RDA, essentiellement chargées d'assurer la survie d'un régime est-allemand honni du plus grand nombre, et clairement ressenti, lui, comme l'émanation de l'occupant — à chacun son tour, et son Vichy.

Mais même pour les Allemands de l'Ouest, jeunes notamment (c'est-à-dire moins hantés que leurs aînés, en principe, par le sentiment d'avoir une dette à payer), il n'était pas très plaisant de se sentir perçus comme les citoyens d'une République de seconde zone, et de moindre souveraineté. Plus le succès économique s'affirmait, plus cette situation politique devenait étrange et pénible. Et induisait d'ailleurs chez nous, et quelques autres, de sérieuses erreurs d'optique.

Au chapitre des cocasseries surréalistes, on notera en particulier cet appel des organisations caritatives ouest-allemandes, après la débandade du régime de Berlin-Est et les débuts concrets de l'unification : « Invitez chez vous un soldat soviétique pour Noël. » Un peu comme la SPA incite les propriétaires d'un animal à ne pas l'attacher à un platane de parking d'autoroute, le 31 juillet, avant de prendre la direction de Palavas-les-Flots. Mais comme si, également, les Allemands de l'Ouest s'étaient sentis comptables du sort, surtout une nuit de Noël, de *tous* les occupants du sol germanique, y compris les Russes, qui les avaient si longtemps séparés de leurs frères de RDA...

Ces occupations étrangères, l'Allemagne en aura pourtant bénéficié, aussi. Parce qu'elles lui auront valu, à moindres frais, une surprotection inégalée dans le monde. Bien sûr, les euromissiles de l'OTAN, Pershing II et Cruise, ont été, en leur temps — début des années quatre-vingt —, ressentis autant comme une protection, par une majorité assez courte sans doute, que comme une sorte de paratonnerre déréglé, par beaucoup d'autres : un dispositif susceptible d'attirer la foudre nucléaire ennemie, sans être pour autant capable, à l'inverse de l'invention de Benjamin Franklin, d'en disperser sans dommage les effets dans le sol. Mais au total, l'Allemagne aura disposé, fût-ce sans enthousiasme excessif, d'une « couverture » militaire conventionnelle et atomique, dont elle n'avait évidemment pas la maîtrise, mais dont elle ne supportait que faiblement les coûts.

Pendant ce temps, la France et la Grande-Bretagne se dotaient à grands frais de l'arme nucléaire. La France surtout, qui tenait à juste titre à en faire non un élément de dépendance technologique, donc politique, à l'égard des États-Unis, mais, au contraire, un instrument d'indépendance nationale, cet instrument fût-il fort modeste au regard des formidables arsenaux des deux superpuissances. Dans le même temps, les deux pays avaient tendance à négliger un peu, sur le plan budgétaire, quoi qu'on en ait longtemps dit à gauche, leur armée traditionnelle (et non *conventionnelle*, comme on dit en franglais : il n'existe à cet égard aucune convention !).

En 1955, après l'échec de la CED (Communauté européenne de défense), la République fédérale fut en outre autorisée à remettre sur pied une armée non nucléaire ; à condition, on l'a dit, que celle-ci ne sortît point des frontières de la RFA, afin de mieux affirmer son caractère purement défensif. Moyennant quoi, sans tambour ni trompette — si j'ose dire en l'occurrence, car elle compte dans ses rangs de forts contingents musicaux : germanité oblige —, la Bundeswehr allait devenir la première armée conventionnelle d'Europe. Et une armée, malgré les circonstances, profondément nationale, quoiqu'elle n'ait jamais réellement manifesté de penchants nationalistes au mauvais sens du terme. Là aussi, excellent usage de la défaite et de ses contraintes...

Jusque dans son caractère résolument moderne, certains diraient même, en comparant avec la lenteur de l'évolution de certaines autres armées européennes (ne blessons personne), postmoderne. Après avoir eu des effectifs impressionnants et un équipement technique non nucléaire massif, la Bundeswehr a amorcé, bien avant d'autres armées du continent, et notamment des pays membres de l'OTAN, la réduction de son budget, du nombre de ses soldats, de ses avions, bateaux et chars.

Elle s'est en outre distinguée, dès l'origine, de ses « consœurs » occidentales, et à plus forte raison des autres, par l'existence d'un règlement intérieur, l'*Innere Führung*, qui est une véritable déclaration des droits du soldat-citoyen. On comprend bien avec quel passé il s'agissait non pas seulement de rompre — il y avait beau temps que c'était chose faite —, mais de prouver au monde qu'on avait rompu. En particulier, les Allemands de l'Ouest ont codifié le droit, pour un soldat, et même le devoir de refuser d'exécuter un ordre contraire à la Loi fondamentale, ou susceptible de constituer un crime de guerre, et aussi de récuser toute discrimination à caractère raciste.

Que ceux de nos lecteurs qui ont fait leur service militaire n'envient pourtant point à l'excès leurs collègues allemands : des activités telles qu'apprendre à présenter les armes et à marcher au pas, subir les épreuves du parcours du combattant, ou même prendre ses repas à l'« ordinaire » de la caserne, ne sont pas considérées comme des traitements cruels ou inhumains. Même si, dans ce dernier cas, c'est, comme on dit, un peu limite. Et il n'est donc pas question, pour les hommes du rang (ni les autres, d'ailleurs), de tenter de s'en faire dispenser par les instances compétentes au nom de cette fameuse *Innere Führung*. Une armée n'a aucune chance d'exister sans discipline, donc sans sanctions éventuelles. Et évidemment pas moins en Allemagne qu'ailleurs !

Mais le but essentiel n'était pas tant d'innover

en matière de libertés publiques. Il était surtout de rendre impossible toute dérive, et en particulier d'empêcher que se reproduisent des situations où l'on avait pu voir des soldats qui n'étaient, à l'origine, ni des gestapistes ni des psychopathes se muer en tortionnaires et en bourreaux, invoquant après coup cet éternel argument, même pas faux, hélas : « J'avais des ordres... J'étais pris dans le système, je devais obéir, sinon... »

Une fois de plus, il ne s'agit pas de faire un éloge aveugle du système allemand, en matière de défense ni en quoi que ce soit d'autre. On aimerait simplement que ces « militaristes »-là eussent fait un peu école. Y compris (mais ce n'est pas seulement à eux que je pensais) chez ces grands frères encombrants mais indispensables que furent, si longtemps, les Américains.

Les Allemands auront, jusqu'à l'effondrement de l'empire communiste, entretenu un rapport complexe avec les États-Unis. Au demeurant, on ne jurerait pas qu'en RDA la relation germano-soviétique n'ait pas été également plus subtile que ne le croyaient les Occidentaux, qui la réduisaient volontiers à une nouvelle « dialectique du maître et de l'esclave ». Les forces américaines en Allemagne furent perçues, pratiquement dès le début, comme une protection, bien plus que comme une occupation. Leur présence n'a d'ailleurs aucunement empêché la République fédérale, dans certaines circonstances, de faire preuve d'une réelle indépendance diplomatique, en particulier sous le règne de Willy Brandt et de son *Ostpolitik*, dont on reparlera [3].

Mais au fur et à mesure que s'affirmait la puissance industrielle et commerciale d'une Allemagne fédérale recouvrant par ailleurs tous les attributs de la souveraineté politique, la nécessité où elle se trouvait placée de souscrire aux desiderata de l'Alliance atlantique, c'est-à-dire pour tout l'essentiel de Washington, est devenue plus pesante. Cela s'est particulièrement vérifié avec l'affaire des euromissiles, entre la « double décision » de l'OTAN en 1979 et la fin des années quatre-vingt.

Cette double décision (*Doppelbeschluss*) avait été prise sur les instances d'un chancelier de gauche, Helmut Schmidt, inquiet devant les projets d'implantation des fusées SS-20 soviétiques qui paraissaient au premier chef menacer la RFA. Pourquoi *double* ? Parce qu'il s'agissait de demander, à la fois, l'ouverture de négociations Est-Ouest sur cette question et, en cas d'échec des pourparlers, d'implanter dans cinq pays de l'Alliance, dont bien entendu l'Allemagne fédérale, des Pershing II et des Cruise. Ou, pour parler le français, des « missiles de croisière », engins dont l'appellation nonchalante et quasi poétique ne doit pas dissimuler le pouvoir dévastateur (de même que les « armes nucléaires de théâtre », dont il était également beaucoup question à l'époque, n'avaient rien de réellement culturel).

On était en pleine reglaciation des relations américano-soviétiques, et beaucoup d'Allemands se sont sentis, à ce moment-là, embarqués de force dans une querelle planétaire dont ils risquaient fort de faire les frais. La propagande soviétique et est-allemande, certes, s'est déchaînée, surtout lorsqu'il est devenu clair que les négociations étaient dans une impasse et que l'OTAN allait bel et bien mettre, symétriquement à l'installation des SS-20, sa menace à exécution. Mais cette propagande n'aurait pas connu un tel succès — un million de manifestants à Bonn contre les fusées américaines, par exemple — si elle n'était venue titiller habilement une fibre pacifiste très forte dans l'opinion ouest-allemande contemporaine.

Des ambiguïtés, les pacifistes en ont eux aussi beaucoup montré, il est vrai. « *Lieber rot als tot* », « Plutôt rouges que morts », scandaient par exemple les éléments les plus à gauche dans les démonstrations géantes contre les Pershing et les Cruise. Slogan en forme d'aveu terrifiant pour les partenaires occidentaux de l'Allemagne, Français en tête. Et qui décida le président Mitterrand à aller donner son soutien au chancelier Kohl pendant la campagne de l'hiver 1983, devant le Bundestag, alors que le parti social-démocrate allemand faisait déjà campagne contre l'implantation des fusées américaines. Charles Hernu régnait alors sur le ministère français de la Défense nationale...

De ces bizarreries géostratégiques dont l'Allemagne fut longtemps le théâtre et l'enjeu, Berlin aura été, à coup sûr, le fascinant et déroutant symbole. On avait coutume, à l'époque, de dire que l'évolution du statut de l'ancienne capitale du Reich était un bon indicateur de l'état des relations Est-Ouest en général. Berlin comme baromètre de la tension planétaire ? Vision évidemment réductrice, et parfois contredite par l'examen de détail de telles fluctuations, mais il y avait bien un peu de cela tout de même.

Il faut dire que, petite île de liberté et de prospérité ouest-allemande entourée par la RDA, puis par le mur le plus célèbre de l'histoire (après la beaucoup plus spectaculaire mais beaucoup moins efficace Grande Muraille de Chine), Berlin-Ouest a en quelque sorte synthétisé ce rôle de vitrine de l'Occident assigné à l'ensemble de la République fédérale, dont la ville encerclée ne faisait d'ailleurs pas exactement partie en droit international.

« *Ich bin ein Berliner* », avait dit Kennedy, en allemand dans le texte, lorsqu'il se rendit sur les lieux après l'édification du mur... en se gardant bien d'accompagner cette réaction purement verbale de toute autre menace plus explicite, contrairement à ce qu'il devait faire l'année suivante dans la crise des fusées soviétiques de Cuba, lesquelles menaçaient beaucoup plus directement son pays, il est vrai. Mais enfin : « Je suis berlinois », tout Occidental non communiste aurait sans doute, durant ces années difficiles, pu reprendre la formule à son compte et se sentir profondément berlinois. En réalité, peu l'ont fait, en tout cas dans les deux autres pays détenteurs d'un « secteur » de la ville. Il était sans doute un peu grisant, débarquant à l'aéroport de Berlin-Tegel, sous contrôle aérien militaire français, d'être accueilli par un panneau tricolore : « Gendarmerie nationale »...

Et l'on se souvient de la phrase attribuée parfois à François Mauriac, parfois à Hubert Beuve-Méry, le fondateur du *Monde* (elle va bien à l'un comme à l'autre) : « Nous autres Français, nous aimons tellement l'Allemagne que nous préférons qu'il y en ait deux. » Vieille peur hexagonale de la puissance et surtout de l'unité allemandes. Une peur que l'histoire ne rendait malheureusement pas absurde, d'ailleurs, et qui aura beaucoup contribué à l'aveuglement de François Mitterrand (et de tant d'autres, à droite comme à gauche) sur la portée réelle de la chute du mur de Berlin à l'automne 1989, quoi qu'en aient dit ensuite un certain nombre de ses amis, voire de ses adversaires.

Pourtant, on était entré depuis longtemps dans une phase où, bien plus sûrement que le militarisme des Allemands, c'était leur pacifisme rampant qui inquiétait les chancelleries occidentales, leur difficulté à s'engager davantage dans la défense d'un « monde libre » à laquelle ils estimaient, non sans raison parfois, mais non sans profit non plus, avoir beaucoup donné.

Quant à l'aveuglement sur les conséquences de la chute du mur, il fut aussi, d'une certaine façon, allemand. Non, certes, que Helmut Kohl n'ait entrevu très vite — en tout cas largement avant son « ami François » — quelle perspective elle offrait à la réunification de son pays. Mais même en pleine décadence au sens romain, l'Union soviétique puis la CEI (Communauté des États indépendants) pilotée par Moscou auront continué d'inspirer à Bonn, et tout particulièrement au ministère des Affaires étrangères [4], une crainte révérencielle qui était, littéralement, d'un autre âge.

Cette incapacité à s'engager clairement sur le plan militaire, ou même simplement sur le plan diplomatique dès lors qu'une extension militaire n'était pas à exclure, s'est manifestée, on l'a vu, à plusieurs reprises dans l'interminable crise de l'ex-Yougoslavie. Mais on pouvait à la rigueur concevoir que, dans cette région-là de l'Europe tout particulièrement, la crainte de se voir jeter à la figure d'horribles souvenirs ait beaucoup contribué à retenir Bonn. Cette explication ne saurait jouer à propos de la guerre du Golfe, où il fut si difficile d'impliquer la République fédérale dans le dispositif international.

En fait, le risque allemand, pour l'Europe d'aujourd'hui, en particulier dans la perspective d'une « politique étrangère et de sécurité commune » qui se cherche — d'ailleurs assez mollement — sans se trouver pour l'instant, c'est justement cette aspiration de moins en moins inavouée à un certain pacifisme placide, cette inertie diplomatico-militaire à la fois considérable et délibérée. Et non pas je ne sais quel rêve néo-impérialiste, encore moins quel bellicisme. Les Allemands sont contents d'être, en quelques décennies, à plus forte raison depuis l'unification (fardeau économique et social pour l'instant, mais succès politique considérable d'un Helmut Kohl à qui il a pourtant coûté son cinquième mandat de chancelier), redevenus un grand pays, et on les comprend. Mais ce grand pays-là, ils le rêvent comme une sorte de grosse Suisse qui se serait débarrassée de la conscription tout en gardant l'air pur, la prospérité... et la neutralité.

Quand il le fallait, ils se sont tenus aux côtés des Américains et des autres Occidentaux. Cela leur aura probablement coûté davantage que nous ne le mesurions alors, et grâce leur en soit rendue. Mais il ne faudrait pas les pousser beaucoup pour qu'ils proclament à leur tour la fin de l'histoire — en tout cas, de l'histoire militaire.

Puisqu'il n'y a plus de conflit Est-Ouest et, partant, plus d'Allemagne « de l'Est » ou « de l'Ouest »...

Méchanceté gratuite ? Improuvable assertion ? Peut-être bien. Nous autres Français, du moins certains d'entre nous, avons probablement tendance à rêver, non seulement que l'histoire n'est pas finie, n'en déplaise à M. Fukuyama, mais que nous allons encore y écrire quelques pages fumantes.

Il y a beau temps que les Allemands n'ont plus de ces rêves-là. Et que ceux qui redoutent une germanisation musclée de l'Europe se trompent du tout au tout. Si ce n'est sur l'idée, au moins sur l'adjectif : le vrai péril en l'espèce, c'est au contraire le triomphe de ce consensus débonnaire où l'on ne veut faire de peine à personne et où le sens des affaires remplace le sens de l'histoire.

Car autant ne pas nous le cacher plus longtemps : si elle a, il y a plus de cinquante ans, sur une autre planète (je veux dire une planète qui était tout à fait *autre* qu'aujourd'hui), perdu la guerre — et dans quelles proportions ! —, l'Allemagne a gagné la paix.

DEUXIÈME PARTIE

L'Allemagne a gagné la paix, mais...

CHAPITRE 5

« *Tout leur réussit* »

« Ils » sont décourageants. « Ils » réussissent tout ce qu'« ils » entreprennent. « Ils » traversent plutôt mieux que la plupart des autres Européens, quoi qu'ils en pensent, une crise dont nous-mêmes peinons tant à nous sortir — et en absorbant au passage le plus gros des effets économiques et monétaires d'une réunification que tout le monde prédisait ruineuse. « Ils » nous raflent sous le nez les marchés extérieurs les plus juteux. « Ils » sont unis autour de leur modèle politique, économique et social, quand nous ne savons que nous diviser. « Ils » sont les Japonais de l'Europe, du moins les Japonais d'avant le krach des Bourses asiatiques : à croire que, décidément, il vaut mieux avoir perdu en 1945...

« Ils », ce sont évidemment les Allemands, ces consternants amis, ces rivaux toujours couronnés, ces abonnés à la première marche du podium. Même en sport, justement. Les nageuses est-allemandes, passe encore : juste un peu moins viriles que Tarzan, elles faisaient sourire, jaune sans doute, mais enfin sourire. Leur triomphe était surtout celui des amphétamines ; en tout cas, nous nous raccrochions à cette idée, confirmée depuis par les confessions concordantes des entraîneurs. Mais le foot, *notre* foot, à nous autres Latins, et cette maudite *Bundesliga* ? Il aura fallu le Mondial 98 pour que les Français abandonnent, dans ce domaine, quelques-uns de leurs complexes, et découvrent au passage que le football allemand, même réunifié lui aussi, était devenu obsolète, usé, fatigué — bref, que l'Allemagne pouvait perdre, et même bien avant la finale ; qui pis est, devant la petite Croatie... Tout de même, on croit pressentir que les correctifs nécessaires seront vite apportés, à coups de millions de marks. Et que le jour où « ils » se mettront sérieusement à la pelote basque, au base-ball ou au cricket, il ne leur faudra pas cinq ans pour devenir champions du monde.

Bien sûr, la réalité est sensiblement plus nuancée. On peut même dire sans exagérer que le « modèle allemand » traverse actuellement une des crises de confiance — et de conscience — les plus rudes de son encore jeune histoire. La plus sérieuse remise en question, sans doute, depuis la vague terroriste des années soixante-dix et la formidable introspection nationale qu'elle provoqua en Allemagne, vingt ans avant les élections de 1998, où Gerhard Schröder a été préféré, justement, parce qu'à tort ou à raison il semblait seul capable de moderniser en profondeur le système.

De cette remise en question, qui touche en particulier le schéma social (consensus, cogestion, etc.), et dont peu de Français paraissent conscients, nous reparlerons en détail. Mais tout de même : si l'Allemagne moderne était un fiasco, ça se saurait. Il y a bien, dans l'image si flatteuse que nous avons des Allemands, au moins un fond de vrai, et sans doute bien davantage. Donc, et pour parler comme une épouse découvrant que son mari a un penchant coupable pour sa secrétaire, qu'est-ce qu'« ils » ont de plus que nous ?

Surprise : à regarder les choses d'un peu près, c'est en fait ce que les Allemands ont *de moins* que nous qui aura constitué, durant ce demi-siècle, leurs meilleurs atouts. Ce n'est peut-être pas très enthousiasmant à l'égard des bonnes vieilles structures et valeurs françaises, mais c'est ainsi.

D'abord, les Allemands ne connaissent pas le centralisme, et, partant, ils ignorent la décentralisation et la déconcentration, le triptyque infernal des institutions politiques et administratives françaises. Cela grâce au fédéralisme, qui leur a été imposé par les Américains, les Français et les Britanniques, à l'origine, pour éviter la résurgence d'un pouvoir central fort. Moyennant quoi le pouvoir du chancelier vaut bien celui de n'importe quel chef de gouvernement (et même, en fait, de n'importe quel chef d'État) en régime démocratique... Surtout lorsque, comme le firent Konrad Adenauer, puis Helmut Kohl jusqu'en 1998, il exerce très longuement le pouvoir.

Le fédéralisme tel qu'on l'a conçu en rédigeant la Loi fondamentale, il est vrai, répondait à une vieille tradition allemande. Même s'il s'était souvent agi, dans le passé, d'un morcellement de fait, en royaumes, principautés, évêchés, villes libres et autres entités politiques [1] et non d'un choix délibéré. Quant aux frontières des Länder, c'est-à-dire des régions ainsi créées, pour reprendre un terme français qui n'est en l'espèce qu'une insatisfaisante équivalence, elles pouvaient être discutées dans le détail, comme toujours.

Encore a-t-on respecté les disparités parfois très grandes qui pouvaient exister, au nom de l'histoire, entre, par exemple, la Bavière — un tiers de l'ancienne République fédérale, celle d'avant la fusion avec la RDA — et, disons pour prendre des cas extrêmes, les « villes libres et hanséatiques » de Hambourg ou de Brême, elles aussi promues Länder à part entières [2]. Gageons, sans faire de procès d'intention, que la vision cartésienne et normative de notre propre République ne se fût pas accommodée de tels écarts ; mais n'insistons pas, puisque ce sont les Allemands, non les Français, qui sont censés aimer l'ordre et en mettre partout.

Ce fédéralisme a très largement contribué à l'harmonie politique et géo-économique de l'Allemagne. Parce qu'il a rapproché les centres de pouvoir des citoyens, les élections régionales donnant lieu à de vrais débats sur la gestion. Parce qu'il a, aussi, permis à des hommes et des formations politiques qui n'avaient pas le pouvoir à Bonn d'exercer tout de même de très importantes fonctions électives, à la tête de véritables gouvernements locaux, gérant des budgets considérables : Gerhard Schröder, arrivant à la Chancellerie fédérale à l'automne 1998, gérait déjà depuis huit ans une Basse-Saxe à peu près comparable à un État comme la Belgique... Parce qu'il a, enfin, évité les grandes querelles sur les « décisions venues d'en haut », et notamment de la capitale, en matière d'aménagement du territoire.

Non qu'il n'existe aucune instance compétente au niveau fédéral : il y a évidemment de nombreux projets qui exigent une coordination centrale, et aussi, d'ailleurs, un cofinancement par le *Bund*, comme on appelle en Allemagne la puissance fédérale par rapport aux puissances fédérées. Mais il est beaucoup plus rare en Allemagne qu'en France d'entendre critiquer une décision concernant l'aménagement du territoire comme imposée par des technocrates lointains et irresponsables (au sens politique, juridique, et parfois psychiatrique).

Ajoutons que, si les Länder sont représentés à Bonn par de véritables petites ambassades (et, politiquement, au Bundesrat, la Chambre haute qui est l'émanation constitutionnelle des régions), en revanche il n'existe pas, sur place, l'équivalent de nos préfets, curiosité spécifiquement française — du moins parmi les États démocratiques — qui, même depuis la décentralisation, fait irrésistiblement penser aux anciens gouverneurs de provinces.

L'étendue et le caractère très concret des pouvoirs locaux en RFA fait que, pour gérer certains aspects de la coopération franco-allemande, il aura parfois fallu — en matière d'éducation, de culture, de jeunesse et sports par exemple — réunir, face au ministre français responsable du dossier que l'on examine, ses homologues de tous les Länder. C'est même une des raisons pour lesquelles, si faiblement acquis qu'il parût aux vertus de cette coopération, Gerhard Schröder avait annoncé, lors de sa campagne législative de l'été

1998, qu'il créerait en cas de victoire un grand ministère de la Culture. De même sur le plan européen ; encore que, dans cette dernière configuration, l'Allemagne ne soit pas le seul pays si fortement décentralisé.

Donc, pas de pouvoir central abusif, et, partant, pas de querelle Bonn-province (même si la tentation en est parfois venue aux Bavarois, nombreux et riches), en tout cas comparable à celle qu'entretiennent depuis longtemps Paris et le reste du pays. Ce qui devait être un frein politique est devenu un atout ; d'ailleurs, la notion même de « province » n'existe tout simplement pas en Allemagne, du moins au sens que nous donnons à ce mot par opposition à Paris (mot auquel on tend d'ailleurs assez stupidement, aujourd'hui, et comme s'il était malsonnant, à substituer celui de *région*, qui a pourtant un sens administratif précis, lui : « J'ai été affecté à un poste en région. » Le terme est particulièrement absurde, puisque l'Île-de-France est aussi une région, et laquelle !)

Il est un autre atout allemand qui, lui aussi, est d'abord, par rapport à la France, une absence : l'Allemagne moderne aura su tirer très vite un trait sur les grandes controverses idéologiques. Non pas sur le débat politique, naturellement, ni même sur l'affrontement droite-gauche. La droite allemande est clairement de droite, qu'il s'agisse de la CDU chrétienne-démocrate, ou plus encore de sa variante bavaroise, la CSU chrétienne-sociale, qui, quand elle trouve que la CDU est trop molle, menace périodiquement de s'étendre au reste du pays, tout en se gardant bien de le faire car elle n'a aucune envie de voir la CDU s'installer en Bavière et y glaner les nombreuses voix de la droite plus modérée et plus moderniste. La gauche allemande est clairement de (centre) gauche, du moins à l'échelle de la plupart des démocraties occidentales : elle est plus présente dans les milieux ouvriers que dans la bourgeoisie aisée, plus proche des syndicats que du patronat, et son programme, sans rien avoir certes de bien révolutionnaire, s'en ressent. Il lui est même arrivé d'aller très loin dans les projets d'union entre « rouges » et « verts », comme l'ont montré les lendemains électoraux de 1998.

Mais le congrès de Bad-Godesberg, dès 1959, a définitivement enterré la querelle entre capitalisme et socialisme au sens marxiste. Au profit d'un concept autour duquel s'accordent, pour l'essentiel, la droite et la gauche allemandes : l'économie sociale de marché. La CDU ne cherche pas plus à piétiner, au nom d'un ultralibéralisme qu'elle sait désuet, les acquis sociaux ou les prérogatives syndicales, que le SPD ne prétend rompre, fût-ce en douceur, avec le capitalisme. Au contraire : les uns et les autres prétendent offrir, par leur gestion, le meilleur du capitalisme au plus grand nombre possible d'Allemands ; et même d'immigrés, à l'occasion.

Cela peut sembler, aujourd'hui, aller de soi. La relecture du Programme commun de la gauche française ou des propositions sur lesquelles François Mitterrand fut élu président de la République en 1981 — soit vingt-deux ans après Bad-Godesberg ! — montre quand même que, s'agissant de deux pays ayant chacun une tradition doctrinaire socialiste forte, le plus courageux et clairvoyant des deux n'était peut-être pas celui que l'on croyait chez nous.

Autre absence qui a certainement favorisé le succès de la République fédérale : celle d'une caste administrative comparable à ce que nous connaissons en France. Cette « administration que le monde entier nous envie », les Allemands, très sagement, nous la laissent. Tout comme ils se gardent bien de créer les grandes écoles qui vont avec. Ils ont d'excellentes universités, ça leur suffit, et ça ne semble pas leur réussir trop mal.

Il peut naturellement exister des solidarités fonctionnelles, voire un certain esprit de corps, entre hauts fonctionnaires appartenant à une même administration. Mais il n'y a pas d'énarchie allemande, et on peut parier sans grand risque d'être démenti par l'évolution des choses qu'il n'y en aura jamais. Ni pour encadrer le service public ni pour diriger les grandes entreprises. Car il n'y a pas non plus en Allemagne de caste industrielle, même s'il y a, bien sûr, un patronat fort puissant.

Nous sommes toujours très fiers, en France, du rôle d'ascenseur social joué par l'école, et aussi, les concours administratifs aidant, par le fonctionnariat. Et très convaincus que c'est là, grâce à l'œuvre entreprise par nos chers vieux instituteurs de la IIIe République, une originalité forte. À la rigueur, nous voulons bien concéder aux États-Unis qu'ils restent une « terre d'opportunités », pour quelques débrouillards peu fortunés mais travailleurs et opiniâtres. Nous n'aurions pas l'idée d'appliquer cette même vision à nos voisins allemands, et de toute façon nous nous en remettons, en fait d'accession des classes défavorisées aux responsabilités élevées, aux vertus égalitaires de notre enseignement. Quitte à ne pas aller voir de trop près quelle est l'origine sociale des énarques, polytechniciens, et même normaliens.

Les Allemands, sans méconnaître la valeur des diplômes (ne dit-on pas qu'ils sont tous *Herr Doktor*, voire maintenant *Herr Doktor Professor* ?), pratiquent en réalité bien plus que nous ce fameux ascenseur social qui, en France, et à l'instar de ceux des HLM, semble toujours bloqué au rez-de-chaussée. En Allemagne, la formation professionnelle est d'autant plus performante qu'elle est très souvent assurée en liaison étroite avec les entreprises ; le travail dit manuel, et dont on sait bien qu'il n'est jamais *que* manuel, y est d'autant plus respecté — et rémunéré en conséquence — qu'il peut mener très naturellement, au sein d'une société, d'un groupe ou d'une branche industrielle, à des fonctions d'encadrement, voire de direction.

En France, un ouvrier qui, à force d'intelligence et de labeur, devient patron, c'est une émouvante *success story* qui fait la une des magazines avant que d'être bien vite ressentie, et donc dénoncée, comme une sorte d'alibi social du capitalisme mangeur d'hommes. En Allemagne, sans être, bien sûr, la règle, c'est relativement banal. Et cela n'est pas sans conséquences heureuses, ni sur le climat interne ni sur les performances des entreprises.

Il est vrai que ce que l'on entend en Allemagne par « apprentissage » ne concerne pas, il s'en faut même de beaucoup, que le travail manuel.

Beaucoup d'emplois du tertiaire, dans la banque ou l'assurance par exemple, ne sont pourvus — par des diplômés de l'université — qu'après une série de stages de formation pratique dont très peu de grandes entreprises concevraient de priver leurs futurs jeunes cadres. Il ne s'agit plus, ici, de promotion : les jeunes gens qui en bénéficient savent que, sauf témoignage d'une inaptitude obstinée lors de ces mois de préparation, ils auront en effet accès au poste qui leur est préattribué. Simplement, ils ne jugent ni déshonorant ni inutile de commencer par se former sur le tas auprès d'un cadre senior. Et l'entreprise, de son côté, considère que ce temps-là n'est pas perdu, bien au contraire. Comme dit la publicité d'une banque (française) : le bon sens près de chez vous...

Paradoxalement, ce qui peut nous sembler d'une grande hardiesse moderniste est, il faut quand même le rappeler, le fruit heureux d'un héritage un tantinet archaïque, en tout cas au regard de la sensibilité française. C'est parce que les Allemands (comme, d'ailleurs, les Anglais) admettent beaucoup plus facilement que nous les divisions sociales et l'existence des classes, au sens marxiste du terme, qu'ils maîtrisent si bien la formation ouvrière. Quitte, pour le système français, à « donner toutes les chances pour les reprendre après », comme chantait Édith Piaf dans « Milord »... Et comme le résument excellemment Philippe Raynaud et Paul Thibaud dans leur livre *La fin de l'école républicaine* [3] : « Une société peut juger moralement essentiel que tout soldat ait dans sa giberne un bâton de maréchal, et ne pas se préoccuper de lui assurer un plan de carrière qui conduise au grade d'adjudant, surtout si l'objectif imaginaire et l'objectif réel sont — ou sont considérés comme — incompatibles. »

Tous les jeunes Allemands n'ont pas potentiellement dans leur cartable un contrat de P-DG, ou même de cadre supérieur. Mais du moins ceux qui le veulent ont une chance raisonnable de devenir de bons sous-officiers, reconnus, considérés et bien payés. On peut trouver, au choix, qu'il s'agit d'une inégalité assumée, et par là même assez triste, voire intellectuellement sclérosante, ou, au contraire, d'une lucidité salvatrice pour la classe ouvrière elle-même. Ce n'est certes pas en Allemagne qu'un ministre de l'Éducation se fixera pour objectif d'avoir 80 pour cent de bacheliers (disons, de titulaires de l'*Abitur*) ; mais du moins le système allemand de formation s'assigne-t-il de mettre sur le marché du travail des jeunes en état d'y trouver un emploi, d'y prospérer et, éventuellement, d'y gagner à la force du poignet leur propre promotion sociale, d'autant plus volontiers que la mobilité « verticale » y est plus grande que chez nous.

Notre goût persistant, et plus qu'estimable, pour la culture générale n'y trouve certes pas son compte, quoique l'on puisse s'interroger sur ce qu'il en reste chez nous dans les établissements d'enseignement — et pas seulement dans les LEP des banlieues « difficiles ». Le résultat, pourtant, est là : la société allemande est, au bout du compte, moins inégalitaire et plus mobile que la nôtre.

Cette mobilité sociale se double d'une mobilité géographique facilitée par l'absence de « vraie » capitale, ou de région-capitale comme peut l'être chez nous l'Île-de-France. Un cadre de Hambourg qui se voit proposer un poste à Francfort ou à Munich n'a pas l'impression de déchoir. S'il « descend », c'est seulement sur la carte : vers le sud. Un cadre parisien que son entreprise veut installer à Strasbourg ou à Clermont-Ferrand (je prends à dessein deux villes que j'aime tout particulièrement...) ressentira rarement cette mutation comme une promotion. Peut-être le retour de Berlin au statut de capitale va-t-il quand même créer, ne fût-ce que par la taille de la ville réunifiée, considérablement embellie et modernisée, un certain « parisianisme » à l'allemande. Ce n'est pas certain.

En tout cas, l'absence, désormais, d'un contre-État allemand, par rapport à la République fédérale, est aussi devenue très vite, quoi que l'on en ait pensé tout d'abord, un atout de poids. Comme l'avait été, paradoxalement, sa présence : les Occidentaux, à commencer bien sûr par les Américains, ne *pouvaient pas* admettre que l'Allemagne de l'Ouest échouât économiquement, tout comme ils avaient d'emblée perçu la nécessité de sa protection militaire. Peut-être se seraient-ils passés d'être à ce point exaucés, mais c'est une autre histoire.

Désormais, l'Allemagne, qui était déjà le pays le plus riche d'Europe, est donc aussi le pays le plus peuplé (hormis la Russie, bien entendu, mais qui s'étend, elle, sur deux continents, et à qui sa déconfiture économique, son chaos politique et sa décomposition morale et sociale ont ôté tout prestige, hélas). C'est-à-dire le pays de l'Union européenne doté du plus grand marché intérieur. Sans doute cette considération doit-elle être doublement tempérée. D'abord parce que les consommateurs de l'Est restent moins riches que ceux de l'Ouest (les salaires y sont d'environ 20 pour cent inférieurs, alors que les prix sont les mêmes), quoique ces différences aient vocation à disparaître entre « Ossis » et « Wessis », comme on disait au début. Ensuite parce que, de toute façon, le grand marché unique européen lui ôte d'ores et déjà une partie de sa pertinence.

Mais, même battu aux élections, et précisément par les votants de l'Est, Helmut Kohl n'en a pas moins gagné son pari : aujourd'hui, la réunification apparaît bien comme un « plus » important. Et cela malgré ce qu'elle a coûté, et ce qu'elle continue de coûter, notamment avec l'établissement, dès le début, de la parité des deux marks, l'occidental et l'oriental. Une parité formellement déconseillée, à l'époque, par à peu près tous les experts économiques et financiers, en Allemagne et hors d'Allemagne, et à laquelle, avec beaucoup d'intuition politique, s'accrocha le chancelier.

Pourtant, ce « miracle allemand », ce « modèle allemand » sont aujourd'hui contestés, non sans de solides raisons, par les Allemands eux-mêmes. Lesquels font d'ailleurs valoir que de telles expressions ont surtout été utilisées, durant les précédentes décennies, par l'étranger, et notamment par la France. L'ironie de l'histoire aura voulu que ce fût au moment où leur triomphe nous paraissait le plus absolu que cette contestation a surgi, voici quelques années déjà.

Elle a surgi, bien sûr, dans un contexte de crise économique et sociale qui paraissait toucher, à des degrés divers, toutes les puissances industrielles occidentales, et qui l'expliquait pour une large part. Mais de là même naît l'étonnement : nous nous étions tellement habitués à l'idée que l'économie allemande était insubmersible que les lames de fond qui nous assaillent ne pouvaient faire l'effet, à nos yeux, sur la coque du paquebot *Deutschland*, que de dérisoires embruns.

« Le modèle allemand ne serait-il donc qu'un modèle pour beau temps ? » s'interrogeait en 1996 le professeur Joseph Rovan [4], un des meilleurs connaisseurs français des réalités germaniques, et peu suspect de parti pris antiallemand. Diable ! Voyons cela.

CHAPITRE 6

Un « modèle » en pleine crise ?

Au fond, ce modèle socio-économique allemand à qui tout semblait réussir, de quoi était-il (et reste-t-il) fait ? Essentiellement de trois choses : la cogestion, une industrie ultraperformante assurant un niveau de vie élevé à la population et une monnaie très forte.

La cogestion est sans doute l'aspect le plus original du triptyque. Non qu'il soit répandu, certes, de disposer d'un appareil de production de la taille et de la qualité de celui de l'Allemagne, ou d'une devise de la valeur et de la stabilité du mark. Mais du moins toute démocratie industrielle y aspire-t-elle naturellement ; tandis que la cogestion repose, elle, sur une création juridique originale, rarement imitée, et notamment pas par la France.

Il est vrai que, pour que le système fonctionne, il faut que le monde syndical soit à peu près uni. Il faut aussi qu'il accepte de jouer le jeu sans avoir le sentiment, en partageant avec le patronat la décision *économique*, et non pas seulement sociale, de trahir sa mission de défense des intérêts des salariés… et à plus forte raison d'improbables responsabilités messianiques dans l'avènement de la société sans classes. Du côté patronal, il est non moins indispensable au succès de la cogestion que l'on se plie à cette règle de concertation, et que l'on ne tienne pas *a priori* les représentants des salariés pour des incapables, des démagogues ou de dangereux agitateurs marxistes. Enfin, il est nécessaire que les uns et les autres s'en remettent prioritairement aux accords qu'ils sont susceptibles de conclure entre eux, plutôt que d'en appeler sans cesse à l'État chaque fois qu'une divergence surgit et menace de se transformer en conflit... Quitte à dénoncer ensuite, du côté patronal en tout cas, les « insupportables ingérences » de la puissance publique.

Cela peut sembler un peu surréaliste à un public français : ces quatre conditions essentielles sont réunies en Allemagne, et leur conjonction a assuré à la République fédérale des décennies d'une croissance et d'une paix sociale impressionnantes. Les représentants du patronat et des salariés siègent à parité au conseil de surveillance des sociétés de plus de deux mille salariés, bénéficient de ce que l'on appelle l'« autonomie tarifaire » par rapport aux pouvoirs publics pour négocier librement les conditions du travail dans les sociétés : salaires, horaires, normes d'embauche, etc. Et, d'une manière générale, le premier réflexe des grandes fédérations syndicales, regroupées au sein du DGB (*Deutscher Gewerkschaftsbund*), confédération quasi unitaire qui malgré un certain déclin reste forte de quelque dix millions d'adhérents, comme du patronat, demeure la négociation, non la grève d'un côté [1], le licenciement — ou au moins la menace de licenciement — de l'autre.

Cela ne suffit pas, bien sûr, à exclure tout conflit.

Il y a eu, dans l'histoire sociale de l'Allemagne contemporaine, quelques grèves dures, et l'avenir reste des plus incertains à cet égard. Mais ce partage des responsabilités (la *Mitbestimmung*) et ce recours systématique à la négociation ont tout de même épargné à l'économie allemande la perte de centaines de millions de journées de travail, tout en garantissant des salaires exceptionnellement élevés à ses salariés et de confortables profits à ses investisseurs, donc des réinvestissements.

Le second volet du « modèle allemand », c'est bien entendu le haut niveau des performances de son industrie. Inutile de faire l'article dans le détail : nous avons tous en tête le nom de sociétés germaniques, automobiles ou autres, qui tiennent le haut du pavé sur le plan européen, voire mondial. C'est une vieille tradition, que l'on pourrait juger contradictoire avec la fascination des Allemands pour la nature, la forêt, le soleil, l'air pur et la « vie sauvage », mais rarement un peuple aura, dès les origines, à ce point aimé et dorloté son industrie.

Il y a dans le rapport des Allemands avec leurs usines quelque chose qui rappelle notre affection collective de Français pour le monde paysan (quitte à ce que nous laissions se désertifier nos campagnes...). Tout comme nous allons une fois par an nous attendrir en famille au Salon de l'agriculture, même lorsque l'achat d'un tracteur ou de génisses charolaises n'entre pas vraiment dans nos objectifs d'employé de bureau citadin, ni dans nos possibilités de locataire d'un trois-pièces-cuisine sans ascenseur, ou même avec, les Allemands se précipitent, enfants compris, dans les grandes foires industrielles, pour s'extasier devant de rutilantes machines-outils qui ont fait la juste réputation de leur pays dans le monde entier [2].

Soit dit en passant, cet amour de l'usine, qui se manifeste aussi bien chez les ouvriers que chez les cadres, aura aussi été, d'une certaine façon, un facteur de paix sociale. Avec, c'est entendu, toutes les ambiguïtés que comporte inévitablement l'attachement à son entreprise, le sentiment fort d'y appartenir, pour ne pas dire de *lui* appartenir. Il y a en allemand un mot pour cela : la *Betriebsangehörigkeit*, littéralement l'appartenance à l'entreprise, qui rappelle la *Staatsangehörigkeit*, l'appartenance à un État, donc la nationalité, au moins au sens que prend le mot sur un passeport.

Il est encore renforcé par le fait qu'une bonne partie de l'apprentissage, on l'a vu [3], s'effectue dans l'entreprise même, d'abord en alternance avec l'école au sens large, puis en commençant à travailler à temps plein — ce qui fait que l'univers professionnel s'installe progressivement dans le paysage personnel du jeune qui entre dans la vie active. À chaque niveau de la hiérarchie, les « chefs » (en tout cas, les bons...) prennent très au sérieux cet aspect pédagogique de leur mission, qui n'est pas considérée comme une perte de temps, une infantilisation un peu humiliante ou une source supplémentaire et sournoise d'exploitation par le patronat. La capacité de former des jeunes fait d'ailleurs souvent partie de l'image personnelle d'un cadre allemand, au moins jusqu'à un certain niveau.

L'industrie allemande a su, en outre, dès le début, ou plutôt à chacun de ses deux débuts, au XIXe siècle puis après 1945, choisir des secteurs où la qualité, la valeur ajoutée par le travail des hommes (et des machines : elle est une des plus robotisées du monde), comptait énormément, de préférence à des productions massives et de bas de gamme, qui auraient pourtant eu, aussi, dans l'immédiat, leur rentabilité. En particulier dans le contexte de reconstruction hâtive de l'après-guerre non seulement en Allemagne même, mais dans toute l'Europe.

Le troisième volet du modèle allemand, ç'aura donc été cette monnaie si forte qu'elle empoisonna parfois le débat politique... français. Il faut bien mesurer que les Allemands ont une horreur physique de l'inflation. Ils ont une bonne raison pour cela : les plus âgés d'entre eux ont été ruinés à deux reprises par l'effondrement du mark, sous la République de Weimar puis avec l'écroulement du IIIe Reich. L'inflation phénoménale des années vingt a, en outre, largement préparé le terrain à l'avènement du nazisme, en sapant la confiance envers le régime républicain et en répandant une sorte de terreur hallucinée de la misère au sein d'une opinion prompte, là comme ailleurs, à chercher des boucs émissaires. Et à en trouver, puisque le parti national-socialiste se faisait un plaisir d'en désigner à la vindicte populaire. Bref, la stabilité monétaire ne pouvait que s'inscrire, dès l'origine, dans les principes fondateurs de la nouvelle Allemagne.

Le moins que l'on puisse dire est que ce cap a été maintenu. Non seulement le mark n'a pas été dévalué, y compris au moment de la réunification, mais il s'est au contraire sans cesse apprécié. À la fois relativement, grâce aux dévaluations des autres, françaises notamment, et absolument, puisqu'il a été lui-même réévalué à plusieurs reprises, et souvent à la demande de ses partenaires. Il est toujours amusant d'entendre, en France, des hommes politiques parler de la « parité franc-mark » comme d'un objectif à maintenir : la dernière *parité* réelle, autrement dit l'équivalence des deux monnaies, date de l'arrivée du nouveau franc, en 1959 ! L'euro a vocation à rendre caduques, de toute façon, semblables expressions — et bien d'autres données de la suprématie monétaire allemande.

Le bel et bon modèle que voilà, donc. Et que nous continuons encore aujourd'hui, bien souvent, de ressentir comme irréprochable et inaltérable. Nous avons tort. Non pas, certes, d'envier aux Allemands la stabilité sociale et monétaire ou la croissance économique qu'ils ont connues, d'autant plus que ni l'une ni l'autre n'étaient acquises d'avance. Mais de croire que la crise qui, à des degrés divers, a secoué l'Europe industrialisée, et fait encore sentir ses effets, a pu épargner l'Allemagne. Ou même simplement que les instruments que celle-ci s'est donnés — cogestion, appareil de production, monnaie — auront suffi à en effacer les conséquences.

Car la crise est bien là. On peut le constater sans tomber dans la *Schadenfreude*, comme disent les Allemands pour désigner la joie mauvaise que d'aucuns éprouvent au spectacle des malheurs d'autrui. Compte tenu de l'imbrication des économies européennes en général, et franco-allemandes en particulier [4], et donc des répercussions que la santé des unes peut avoir sur celle des autres, il serait d'ailleurs non seulement peu amical, mais carrément masochiste, de se réjouir des difficultés présentes de la RFA sur le terrain où elle semblait invulnérable, celui de l'économique et du social.

Que s'est-il passé ? Essentiellement trois choses : l'Allemagne a fini par subir, elle aussi, et sévèrement, certains effets de la mondialisation de l'économie ; elle a perdu son quasi-monopole dans le domaine de certains produits de haute qualité, et cela d'autant plus qu'elle ne s'est pas toujours renouvelée sur le plan technologique autant que nous ne le croyions, et qu'elle ne le croyait elle-même ; enfin, elle s'est laissé gagner, elle aussi, par un alourdissement des charges de l'État, donc des entreprises et des contribuables.

La mondialisation, pourtant, quel pays semblait mieux armé pour y faire face que la République fédérale ? Ce formidable exportateur, héritier d'une tradition commerciale multiséculaire (qu'avaient notamment illustrée les villes de la Hanse), tenait solidement des créneaux industriels où les ateliers de confection de Bangkok, et même les chaînes de montage d'ordinateurs bon marché de Singapour ou de Séoul, ne semblaient guère en mesure de la menacer, si productifs fussent-ils. Bien sûr, à force de survitaminer le mark, les prix allemands à l'exportation faisaient de plus en plus renâcler une partie de la clientèle, mais on vivait encore, à Francfort, dans la certitude que la qualité et la fiabilité du matériel n'avaient pas de prix, ou plutôt pouvaient se permettre d'en avoir un qui fût relativement élevé.

Il a fallu, assez vite, déchanter. Entre 1990 et 1997, la part des produits allemands sur le marché mondial est passée de 12,5 à moins de 10 pour cent. Pour une population qui, après réunification, représente environ 1,3 pour cent du total de la planète, il n'y a certes pas là de quoi crier famine. Mais tout de même...

Non seulement, la crise aidant, les clients se sont mis à trouver bien des vertus aux produits *made in Asia* (à commencer, bien sûr, par leur prix), mais une sévère concurrence a commencé de se manifester sur le front de la qualité, ou, disons, du rapport qualité-prix. Qu'il s'agît de ces pays lointains où la main-d'œuvre n'est pas seulement quasi gratuite au regard de nos propres salaires d'Occidentaux, mais aussi redoutablement travailleuse et douée, ou que cette concurrence vînt de pays voisins, bénéficiant, de surcroît, des avantages du marché intérieur européen. La palme revenant sans doute à l'Italie du Nord, qui combine des salaires encore relativement bas avec un beau dynamisme industriel et une efficace recherche de la qualité.

S'y est ajouté le fait, devenu très handicapant avec la crise, que la main-d'œuvre allemande est, elle, très nettement la plus chère du monde : en moyenne horaire, quelque 45 marks, contre environ 36 au Japon, 30 en France [5], 29 en Italie, 28 aux États-Unis, 23 en Grande-Bretagne et 22 en Espagne, pour s'en tenir à quelques pays eux aussi fortement industrialisés. Sans doute y a-t-il, entre la partie occidentale de l'Allemagne et les « nouveaux Länder » de l'ex-RDA, un décalage qui peut inciter d'éventuels candidats à la délocalisation de leurs entreprises à rester en Allemagne, au prix d'une légère translation vers l'Est...

Mais on comprend quand même que se soit instauré en République fédérale un vaste débat sur la compétitivité réelle de l'économie allemande, alimenté par un rapport officiel publié en 1993, sous le titre *Standort Deutschland* (littéralement la « place Allemagne », au sens de place boursière, ou de place forte) qui recensait les avantages et les handicaps du pays comme lieu de production, et envisageait des remèdes.

Remarquons au passage que, si les Allemands aiment à peu près autant que nous les études et les rapports, ceux-ci donnent en général naissance, chez eux, à un débat national, là où nous préférons enterrer le sujet en créant une commission... Va donc pour le *Standortdebatte*, dont le patronat a d'ailleurs pris l'initiative, et qui, dans ces conditions, pouvait difficilement ne pas mettre l'accent sur ce problème du coût du travail, et corollairement de la flexibilité des horaires.

De nombreux accords sont intervenus, d'abord « au sommet » avec la bénédiction de Helmut Kohl, puis branche par branche et région par région, et enfin entreprise par entreprise. Et l'on aurait pu croire le problème à peu près réglé si, à l'automne 1996, le mécontentement et l'inquiétude des salariés n'avaient à nouveau revêtu des formes inhabituellement pugnaces en Allemagne. En particulier celle de manifestations géantes, telles que l'on n'en avait plus connu depuis les grandes mobilisations des années quatre-vingt contre les euromissiles. Parallèlement, les effectifs syndicaux, qui connaissaient un certain tassement depuis quelques années, ont retrouvé leur niveau des années paisibles — mais, cette fois-ci, sous l'effet du malaise.

Il faut dire que, selon différents sondages publiés à cette époque, plus d'un Allemand sur trois a « très peur de perdre son emploi », et que cette grande peur-là a supplanté depuis des années celle d'un conflit nucléaire, ou même d'une catastrophe écologique. On peut le comprendre : l'Allemagne a allègrement franchi à l'automne 1996 le cap des quatre millions de chômeurs, soit plus de 10 pour cent de la population active, et elle n'était toujours pas parvenue, plus de deux ans plus tard, malgré un climat général de reprise des économies occidentales, à le repasser dans le bon sens. Or le chômage est aussi, avec l'inflation, un des spectres du passé socio-économique les plus redoutés, même si son indemnisation, aujourd'hui, en limite considérablement les conséquences, par rapport aux années vingt et trente.

L'Allemagne n'a pas échappé, en effet, aux délocalisations, après avoir résisté plus longtemps que d'autres à la tentation, pour cause d'image d'excellence à maintenir. Les investissements des firmes de RFA dans les pays émergents, asiatiques principalement, ont été multipliés par deux entre 1994 et 1995. Ils dépassent actuellement les 50 milliards de marks annuels (environ 170 milliards de francs).

Elle n'a pas, non plus — et c'est au fond plus surprenant, en particulier pour les Français, qui nourrissent toujours un vieux complexe d'infériorité à cet égard —, su prendre à temps les mesures de modernisation technologique que sa richesse et son savoir-faire lui permettaient. Et, d'ailleurs, lui imposaient, si elle voulait rester la première de la classe. Elle n'est certes pas en retard ! Mais dans certains secteurs de pointe, l'informatique, les télécommunications, la grande vitesse ferroviaire (et même l'aéronautique et l'espace, malgré l'association avec la France et d'autres partenaires européens dans Airbus Industrie et Arianespace), par exemple, cet élève fort doué aurait pu mieux faire.

Les Français ne le savent pas, mais il leur arrive désormais de dépasser largement ces exaspérants Allemands sur ce terrain techno-industriel qui paraissait leur domaine réservé. Quelles que soient les performances présentes ou futures du train à sustentation magnétique allemand, engin de science-fiction chez qui la fiction risque de l'emporter largement sur la science, pourtant époustouflante, le concept français de TGV incarne beaucoup plus sûrement l'avenir, parce qu'il combine la très haute technologie à l'usage simple, quotidien et relativement peu coûteux du transport ferroviaire, et qu'il est de surcroît compatible avec des voies ordinaires. C'est la France, non l'Allemagne, pourtant l'un des plus grands et brillants pays constructeurs d'automobiles du monde, qui a inventé, et imposé au monde entier, États-Unis compris, le concept de monospace, avec la Renault Espace inventée en fait par Matra. Et c'est en France, non en Allemagne, que le téléphone fonctionne si bien...

Nous y aurons mis le temps, il est vrai, un peu comme pour les autoroutes. Mais le sketch du 22 à Asnières serait aujourd'hui incompréhensible pour nos enfants, alors que, bien traduit et à peine modernisé, il pourrait encore faire les beaux jours des cabarets allemands. À telle enseigne, d'ailleurs, que l'incroyable défaillance de Deutsche Telekom — incroyable, en tout cas, pour un pays de ce niveau — a fait l'objet, en Allemagne, d'un feuilleton télévisé à succès, les usagers préférant, à tout prendre, rire de leurs innombrables mésaventures téléphoniques, plutôt que de s'en exaspérer.

Il y a eu, aussi, bien sûr, l'effet provoqué par la réunification. Même si les choses se sont bien mieux passées que le prédisaient certains, la fusion d'une Allemagne encore ultraperformante avec une Allemagne longuement stérilisée, comme d'autres, par le communisme ne pouvait pas ne pas tirer un peu vers le bas la partie occidentale de l'ensemble ainsi reconstitué. D'autant plus que, la propagande aidant, l'Ouest s'était assez largement mépris, voire auto-intoxiqué, sur l'état réel de l'appareil industriel est-allemand. On avait voulu croire que, toute soviétisée de force qu'elle eût été, la RDA avait à sa façon illustré elle aussi le génie productiviste allemand. Ou au moins que ce dernier s'était montré imperméable au socialisme.

La réalité s'est révélée bien différente. Par exemple, à Chemnitz, ex-Karl-Marx-Stadt, appellation abolie en 1990 par référendum local, mais qui a du moins le mérite d'éviter d'avoir à situer plus précisément cette grande cité industrielle par rapport à l'ancienne frontière interallemande, la nouvelle municipalité sociale-démocrate s'est amusée, si l'on peut dire, à calculer qu'il suffisait aujourd'hui de 14 pour cent des effectifs ouvriers de 1989, la dernière « année pleine » de la RDA, pour fournir la même production ! On comprend que, dans ces conditions, l'unification allemande ait été génératrice de chômage, comparativement, du moins, à un système où le niveau de l'emploi était totalement artificiel... au grand détriment du niveau de vie.

De sorte qu'il a bien fallu aider, sur le budget fédéral, la reconstruction, on serait presque tenté de dire la mise aux normes modernes, de la partie orientale du pays réunifié [6]. La seule restructuration du secteur de la chimie, par exemple, aura coûté au Bund la coquette somme de 25 milliards de marks. Et les transferts financiers annuels tournent désormais, de l'État fédéral vers l'Est, autour de 200 milliards de marks.

Pour être imposants, ces chiffres n'effraieront sans doute pas le lecteur français, accoutumé de longue date aux interventions massives de l'État en faveur des entreprises publiques ou privées. Pour donner un coup de pouce à leurs réussites, et surtout, hélas, pour éponger les conséquences financières de leurs échecs, voire de l'incurie de leurs dirigeants.

Pour les Allemands, il s'agit d'une révolution inavouable. L'Allemagne est aussi éloignée que possible de notre passion colbertiste, et la seule expression de « politique industrielle » y provoque à peu près, y compris à gauche, le même enthousiasme que celle de « dégraissage du service public » dans un congrès de fonctionnaires Force ouvrière.

Il a toujours été entendu que l'État fédéral ne saurait se mêler d'industrie, et, jusqu'à ces dernières années, tel avait bien été le cas. Il faudrait beaucoup d'aveuglement pour ne pas se rendre compte que, désormais, sans connaître l'ampleur qu'il revêt en France, le phénomène existe aussi en Allemagne. À cause de la réunification notamment, le Bund verse désormais l'équivalent de 2 pour cent du PIB aux entreprises.

Mais il ne s'agit pas seulement, en l'espèce, d'une grave (?) entorse à un des principes psychopolitiques majeurs de l'Allemagne contemporaine. Une telle évolution a eu deux conséquences également préjudiciables à la confiance que les Allemands peuvent désormais éprouver en leur propre avenir.

La première est, de façon très prévisible, l'accroissement de la *Staatsquote*, la « quote-part de l'État », autrement dit des prélèvements obligatoires, qui frôlent désormais le faramineux niveau français, alors qu'ils n'étaient en 1970 que de 37 pour cent du PIB. Seconde conséquence, qui peut sembler anecdotique, mais qui en dit long : les instituts de conjoncture allemands s'accordaient, en 1996 encore, à prédire que la RFA ne pourrait pas satisfaire à temps à l'une au moins des cinq grandes exigences fixées par le traité de Maastricht pour accéder à la monnaie unique : l'obligation de limiter le déficit budgétaire à moins de 3 pour cent du produit intérieur brut. La suite a montré — comme pour d'autres pays moins fortunés, ce qui laisse d'ailleurs un peu rêveur sur la sévérité du contrôle — qu'il n'en était finalement rien.

Mais les Européens ont eu chaud. L'Allemagne privée d'euro ? Sans doute certains de ses citoyens, même et surtout parmi les plus puissants, auraient-ils poussé en secret un soupir de soulagement, eux qui savaient bien que, loin de transformer l'Europe en zone mark, le passage à la monnaie unique sonnerait au contraire la fin de la toute-puissance de la Bundesbank. Mais l'euro privé d'Allemagne, voilà qui n'aurait guère incité à parier sur le succès de l'opération.

C'est bien pourquoi, sans doute, ce débat resta le feu de paille de l'automne 1996 et n'eut même pas lieu, le jour venu : la décision, comme l'avait prédit très justement Jacques Delors, devait être *politique*, bien plus sûrement que comptable. Et l'on pouvait faire confiance au génie inventif de nos eurocrates pour trouver une façon de tortiller les chiffres qui permette d'éviter cette absurdité. Il n'empêche : le premier de la classe menacé de redoublement ! Pour l'opinion allemande, le choc aura été rude.

Il s'est d'ailleurs élevé, toujours au chapitre des fêlures du consensus, un certain nombre de voix, en RFA, qui critiquaient la façon dont la Banque centrale fédérale gérait le mark et le maintenait à un niveau jugé surévalué. Ce fut en particulier le cas de l'ancien chancelier social-démocrate Helmut Schmidt, l'un des pères du Système monétaire européen, qui s'en est pris avec une inhabituelle véhémence à Hans Tietmeyer, le gouverneur de la Bundesbank, accusé d'être en matière de taux de change, de taux d'intérêt et de respect des critères de Maastricht, « véritablement monomaniaque ».

Mais ce reproche, que l'arrivée de l'euro devait de toute façon priver d'objet, sera resté fort minoritaire : en règle générale, il aura toujours été, au contraire, assez difficile de faire admettre aux Allemands qu'une partie de leurs problèmes pouvait venir de la surévaluation du mark. Le leur dire en pleine marche vers la monnaie unique, comme s'y est risqué Valéry Giscard d'Estaing, était particulièrement hasardeux. Le roi Deutschemark, ou plutôt la reine puisque le mot est féminin en allemand, devait rester jusqu'au bout une des plus sûres valeurs du consensus national.

Au point que l'on a longtemps pu craindre, chez les partenaires européens de Bonn, que cette foi populaire en la pérennité du mark (un mark encore une fois symbolique de la prospérité et de la liberté retrouvées, ou pour mieux dire enfin trouvées, par rapport aux dévaluations monstres de Weimar) ne vienne, bien plus sûrement que le déficit budgétaire, contrarier l'adhésion de la République fédérale à l'euro. On s'attendait même à une rude empoignade à l'occasion des élections de 1998. Il n'en a finalement rien été : cette page-là, du moins, est à peu près tournée. Il est vrai qu'avec une Banque centrale européenne installée à Francfort, et fonctionnant sur le modèle de la Bundesbank, la mythique Buba, l'opinion allemande avait quelques raisons de s'estimer rassurée.

Peut-on dire que les deux autres piliers du système, l'entente patronat-syndicats et l'industrie, auront, eux, échappé à toute remise en question ? On n'oserait plus en jurer. Plus d'une fois, ce fameux consensus a semblé ébranlé. Il est en tout cas devenu plus vulnérable, et moins automatique qu'on ne le croit encore souvent chez nous. Et le modèle allemand, qui au demeurant ne s'était jamais clairement défini comme tel, fait de moins en moins recette chez les Allemands eux-mêmes.

Ces fissures ont évidemment fini par lézarder la massive statue de bronze du chancelier Kohl, qui avait battu à l'automne 1996 le record de longévité au pouvoir — quatorze années — précédemment détenu par Konrad Adenauer. Et qui aura très longtemps disposé d'une popularité inégalée : crise ou pas, malaise social ou pas, recul international ou pas, ils étaient encore, deux ans avant les élections de 1998, quelque deux tiers des Allemands à lui faire confiance. Par les temps qui courent, il y avait là de quoi laisser rêveur plus d'un chef de gouvernement. Lui, au moins, aura, sinon « tout réussi », en tout cas beaucoup de choses.

Il y a quelque paradoxe, bien sûr, à écrire cela au lendemain de sa défaite électorale du 27 septembre 1998. Le voici, comme l'a pertinemment dépeint un dessin du quotidien néerlandais *Allgemeen Dagbladt*, s'éloignant, éléphant solitaire qui vient de transpercer le Mur de Berlin, vers le mot « Fin » sur fond de soleil couchant, comme au terme d'une bande dessinée ou d'un film. Lucky Luke de la politique allemande, la sveltesse en moins, vaincu par l'ampleur même de ses victoires. *Poor lonesome chancellor* que, quelles que soient les vertus possibles de son successeur Gerhard Schröder, nous regretterons – comme nous avions, à gauche, regretté Helmut Schmidt. « Rarement, avait dit Churchill à propos des aviateurs de la RAF, tant d'hommes auront dû tant de choses à si peu. » Rarement tant d'Allemands, et de Français, et d'Européens, auront dû tant de choses à un seul.

Mais même la force tranquille de ce colosse rhénan ne pouvait plus rien contre la crise du modèle allemand, voué à payer au prix fort ce qu'il avait fait de plus époustouflant pour son pays : le réunifier. Ainsi va, en démocratie, la vie des peuples : leur ingratitude est, comme chacun sait depuis Rivarol, la marque de leur force. Chez nous aussi, un certain 27 avril 1969, celui à qui nous devions tant a pu mesurer qu'il nous avait rendu jusqu'à la capacité présumée de nous passer désormais de lui...

CHAPITRE 7

« Ils sont tellement travailleurs »

« Ne laissons pas notre pays devenir un immense parc de loisirs. » De quel dirigeant politique est cette petite phrase ? On aura déjà deviné sans peine que son auteur n'est pas un dirigeant chinois ou nord-coréen, ni même un Bulgare des années soixante. Mais on a un peu plus de mal à croire qu'elle puisse être de Helmut Kohl. Il l'a pourtant prononcée, durant la campagne pour les législatives — les précédentes, il est vrai, celles de 1994.

C'est qu'à nos yeux de Français, exhorter les Allemands au travail peut sembler déplacé, superflu, presque tautologique. Autant, pour nous, rappeler un morphinomane obsessionnel à ses devoirs de drogué. Allemagne égale travail. J'allais dire : *forcément,* mais ce serait paraître vouloir rappeler qu'en plus, ils ont en effet imposé, jadis, et comme bien d'autres, le travail forcé aux peuples qu'ils occupaient, lesquels ne l'ont pas oublié. Sans parler de l'abominablement cynique « *Arbeit macht frei* », « le travail libère », qui ornait, si l'on peut dire, le portail d'entrée du camp d'Auschwitz.

De là vient peut-être cette croyance aveugle en une capacité intrinsèquement germanique de travailler plus que d'autres, quitte à y obliger *aussi* les autres, en une vocation nettement plus allemande que russe pour le stakhanovisme. Mais pas seulement de là : ce peuple a eu à reconstruire son pays à peu près entièrement à partir de 1945, et l'ardeur qu'il a mise à le faire lui aura tenu lieu, durant deux ou trois décennies, et au soulagement général, de patriotisme.

« Travail », je veux dire le terme français, vient paraît-il du latin *trepalium*, le triple pal qui était l'affreux supplice infligé aux esclaves révoltés, ce qui n'incite pas particulièrement à la rigolade. « Labeur » lui-même n'est pas vraiment exaltant. « Besogne » sonne assez mal, a donné de peu engageants dérivés — besogneux, besogner — et vous a des relents de lundi matin lugubre, de fourbi accablant et malsain. Mais *Arbeit* ! Ne dirait-on pas un mot inventé tout exprès pour être lancé comme un ordre en forme de coup de fouet — et d'abord à soi-même ?

Pourtant, nos voisins allemands, de ce point de vue, sont fort peu (auto)flagellants, du moins aujourd'hui. Mais cela ne se sait pas. Sauf en Allemagne, précisément, où de bonnes âmes sont parties en guerre, ces dernières années, et pas seulement des rangs du patronat, tant s'en faut, contre le mythe du *fleissiger Deutsche*, de l'Allemand grand travailleur. Car après avoir fait merveille pour rebâtir quelque chose qui était beaucoup plus qu'un ensemble de maisons, de routes et d'usines, en deux générations à peine, les Allemands d'aujourd'hui sont d'abord attentifs à leurs loisirs. Et il nous faut bien nous rendre à cette cruelle évidence : nous travaillons sensiblement plus qu'eux.

Cruelle, l'évidence l'est même doublement. D'abord parce qu'il est toujours déplaisant de penser que le premier de la classe trouve le moyen d'aller jouer au football quand nous-mêmes séchons encore sur la révision de notre compo de physique. Ensuite parce que tout cela n'ôtera pas de l'idée de Mlle Europa, l'institutrice, que c'est bien l'élève Schmitt qui travaille le plus. Et que les autres n'ont qu'à s'en prendre à eux-mêmes s'ils réussissent moins bien. En particulier l'élève Dupont, sympathique pourtant, bon diable malgré sa tendance à confondre éloquence et insolence, mais qui préfère fainéanter au soleil ou s'attarder à la cantine qu'aller bûcher en étude.

Parlons chiffres une fois de plus, puisqu'il faut bien étayer de quelques références précises ce que l'on ressent intuitivement. L'Allemand moyen — lequel, bien entendu, n'existe pas plus que le Français moyen, mais il faut bien se trouver une base statistique — travaille environ 1 500 heures par an. Son homologue américain en est à 1 850 heures, français à 1 900 heures, japonais à 2 000 heures, en chiffres ronds. Encore une tendance typiquement française (et japonaise) existe-t-elle sensiblement moins en RFA : celle qui consiste, pour les cadres d'un certain niveau, dans le privé mais pas seulement, à accomplir des semaines de travail tout à fait démentes.

Il est relativement banal, pour un jeune diplômé français qui « en veut », ou qui craint tout simplement la concurrence en cette période de chômage astronomique, de travailler 60 à

70 heures par semaine. Avec des retours au bureau le samedi et même le dimanche, des vacances d'été partiellement annulées sans compensation en temps de loisir ou en argent, etc. Ça ne se dit jamais dans les colloques ou les tables rondes sur le chômage et la réduction du temps de travail, mais c'est le lot quotidien d'un grand nombre de Français, en général peu syndiqués, et jamais grévistes. Quel extraordinaire « gisement d'emplois » il y aurait pourtant, pour parler comme les hommes de l'art, dans le simple retour au respect de la loi, même celle des 39 heures, sans parler de celle des 35 ! Ou même celle des 48 heures de travail hebdomadaires, que le travailliste Tony Blair a rétablie en Grande-Bretagne ! Tout le monde le sait, mais personne ne le dit, puisque ceux qui seraient susceptibles de le faire appliquer ne sont pas les moins surmenés. Et apparemment heureux de l'être (leurs psys en doutent un peu, leurs enfants et leurs épouses aussi, mais c'est un autre problème).

Rien de tel en Allemagne. En semaine, le centre des grandes villes se vide dès dix-sept heures, voire seize, c'est-à-dire au moment où les cadres supérieurs français, ayant enfin regagné leur bureau après un long déjeuner professionnel, s'y réinstallent pour l'après-midi, voire un bon bout de la soirée. Et appellent chez eux pour expliquer qu'ils ne pourront aller au dîner chez les Martin avant vingt et une heures trente, et devront « repasser à la boîte » vers vingt-trois heures, voir si le fax de New York est enfin arrivé.

Quant au week-end, l'Allemagne est un pays qui ferme, presque totalement, le vendredi au déjeuner, pour ne rouvrir que le lundi matin. Il a fallu le vote d'une nouvelle loi, précédé d'un long et houleux débat parlementaire, pour que les magasins puissent ouvrir le samedi. Ce phénomène de vide urbain est particulièrement spectaculaire à Bonn, ville de bureaux administratifs par excellence, que quittent chaque vendredi entre treize et quinze heures, et pour deux jours et demi, des dizaines de milliers de fonctionnaires.

Il est vrai que la journée de travail commence en général, pour les Allemands, plus tôt que chez nous. Et que le repas de midi, cérémonie conviviale chez les salariés français, qu'il s'agisse d'une modeste cantine ou d'un déjeuner sur note de frais chez Lasserre, est expédié chez eux comme une corvée hygiénique que leurs menus ordinaires incitent d'ailleurs souvent à traiter comme telle. Mais au total, osons le dire et le répéter : les Allemands, ces bourreaux de travail présumés, travaillent moins que nous.

En tout cas moins longtemps, et la nuance capitale est peut-être là. Car leur rentabilité horaire doit bien être supérieure, pour que, par rapport à tant d'autres, ils produisent plus en travaillant moins. Eux nous considèrent d'ailleurs, pour la plupart, comme bien plus travailleurs que nous ne le croyons nous-mêmes, mais assez piètres gestionnaires de notre temps. Il y a dans le travail à la française toutes sortes de procédures, de rites (dont le repas d'affaires évoqué plus haut n'est pas l'exemple unique, tant s'en faut), presque un cérémonial, qui paraissent aux Allemands un extravagant gaspillage de temps, et le sont en effet, bien souvent.

Sans avoir le côté ultradirect des Américains, les salariés et les patrons de RFA aiment aller au but sinon tout droit, du moins avec le minimum de détours, de précautions oratoires et de protocole. Notamment parce que si la qualité de leur vie a longtemps dépendu de leur capacité à s'investir corps et âme dans la reconstruction de leur pays, et à y travailler sans compter [1], elle est bien davantage liée, aujourd'hui, à leurs loisirs, dont ils s'occupent avec la même ardeur et le même sérieux, la même *Gründlichkeit* — ce souci bien allemand d'aller au fond des choses — que de leur travail.

L'Allemagne traîne derrière elle une certaine image d'austérité, de rigueur. Parce que bon nombre de ses grandes villes, terriblement détruites par les bombardements, ont été rebâties de façon nettement plus fonctionnelle qu'esthétique dans les années cinquante-soixante [2], nous avons du mal à imaginer, en dehors de quelques grandes beuveries collectives du type Fête de la bière à Munich, les Allemands faisant la fête, ou s'adonnant simplement au doux plaisir de ne rien faire du tout. Grave erreur.

Les loisirs au sens large — voyages, sports, sorties culturelles, restaurants, etc. — absorbent plus du cinquième, parfois du quart, du budget moyen des ménages allemands non atteints par le chômage. L'industrie du loisir a pris une telle place dans l'Allemagne moderne — y compris dans les nouveaux Länder de l'Est, où l'on a moins de moyens, mais un gros retard à rattraper — qu'on y a constitué, depuis 1971, une association nationale, commanditée par plus de trente organisations professionnelles, pour être en quelque sorte l'observatoire des goûts et des comportements germaniques en la matière : la *Deutsche Gesellschaft für Freizeit* (Compagnie allemande du temps libre).

Même sans les travaux de cette docte société, on l'aurait deviné : les Allemands raffolent des voyages. Leur haut pouvoir d'achat mais aussi leurs vacances à rallonges les y incitent. Des vacances qui durent rarement moins de six semaines par an ; les premiers congés payés, dans les secteurs sidérurgique et brassicole en particulier, n'étaient que de... trois jours, mais ils datent de 1903 [3] ! Comme les pousse irrésistiblement vers le sud la relative grisaille de leur climat et de certaines de leurs grandes villes.

Le tourisme, pour l'Allemagne, c'est en chiffres très ronds 50 milliards de marks dépensés chaque année à l'étranger, contre 20 milliards « seulement » rapportés à la RFA par des touristes venus d'ailleurs. Balance très inégale, donc, et un peu injuste pour qui connaît les ressources touristiques de ce pays, qu'il s'agisse des paysages naturels, des musées, des festivals ou de certaines vieilles villes demeurées à peu près intactes, ou très habilement reconstruites, du moins dans leur centre historique, et qui méritent vraiment le voyage. Mais il faut bien reconnaître que, là aussi, le cours du mark aura eu longtemps quelque chose de terriblement dissuasif. Au contraire de ce qui se produit pour les Allemands eux-mêmes, qui, même de niveau de vie modeste à domicile, se retrouvent, en Tunisie ou en Thaïlande, mais plus simplement au cap d'Agde ou à Brindisi, en position de nababs.

Longtemps, ces touristes allemands en

goguette n'ont pas, comment dire, offert de leur pays l'image la plus valorisante, ni la plus conforme à ses hautes traditions culturelles. En famille, ils cherchaient simplement le soleil (et de bonnes tables) ; en célibataires, les fameux trois S chantés par Gainsbourg : *Sea, Sex and Sun*. L'esprit volait aussi bas que les canettes de bière. Cela dit, je ne suis pas sûr qu'un groupe de touristes français se lançant, un soir en Casamance, après avoir un peu forcé sur le rosé, dans une démonstration de la danse des canards ou un concours de tee-shirts mouillés évoque irrésistiblement Voltaire ou Teilhard de Chardin.

Les choses paraissent de toute façon évoluer. Comme si, ayant fait le plein de coups de soleil, et un peu las d'être perpétuellement arnaqué par des hôteliers méridionaux qui mettent un point d'honneur patriotique à redonner vie au slogan selon lequel « l'Allemagne paiera » (notamment le vitriol faussement local, abusivement baptisé vin, au prix du clos-vougeot), le touriste allemand d'aujourd'hui découvrait à son tour le bonheur subtil de ne pas bronzer idiot. Ce qui ne signifie pas nécessairement de courir les musées ou les concerts : comme on le verra [4], c'est plutôt le reste de l'année qu'il s'adonne à ces plaisirs-là. Mais du moins de demander à ses vacances d'autres félicités que celles, brûlantes mais limitées, des plages à cocotiers et des vahinés à l'exotisme tarifé.

Et puis, là comme ailleurs, la crise a frappé. Même avec un mark aux alentours de 3,50 francs, et des congés à faire pâlir d'envie tant de Français qui, justement, se rêveraient un peu moins pâles, un pays qui compte plus de quatre millions de chômeurs répand forcément moins ses touristes hors de ses frontières. La montée en puissance des loisirs semi-sportifs, comme la randonnée en montagne, la voile sur les lacs de Bavière ou d'ailleurs, le VTT, aura achevé de garder en Allemagne, l'été, des Allemands qui ont longtemps rêvé d'en sortir. Quitte à aimer retrouver fort loin de chez eux un cadre « à l'allemande » : je sais une auberge bavaroise, à cuivres vernis, poutres apparentes, nappes et rideaux à carreaux et odeur de bière de Munich, qui ne désemplit pas — d'Allemands, bien entendu — sur le front de mer à Lomé (Togo)...

Ainsi vont en tout cas les paradoxes de la vie des peuples. Durant des décennies, nous aurons vu, en France notamment, déferler d'innombrables groupes de touristes japonais et allemands, les uns parce qu'ils ont très peu de vacances et « font » l'Europe en huit jours une fois dans leur vie (mercredi, c'est Paris), les autres parce qu'ils en ont beaucoup et aiment à revenir sur les lieux de leurs petits bonheurs.

Le plus étonnant est que ces Allemands qui achètent à plusieurs familles des villages entiers de l'Ardèche ou de la Lozère — villages souvent splendides mais en ruine, certes, et qui sans eux seraient déjà retournés à l'état végétal, humbles Angkor sans Unesco — et qui s'y installent parfois pour tout l'été au bord de leur piscine, restent à nos yeux de salariés pourtant surmenés les seuls vrais héros du travail : « Les pauvres, ils ont bien mérité de se reposer... Ce qu'ils doivent bosser, chez eux ! »

« Ils » travaillent, en effet. Vite et bien. Mais pas trop.

CHAPITRE 8

La choucroute-bière comme culture ?

Loin de moi l'intention de consacrer la totalité des lignes qui suivent à la seule question, ou plutôt à la double question, de la bière et de la choucroute, si éminentes soient à mes yeux ces matières. Mais puisque j'ai trouvé malin d'intituler ainsi ce chapitre, pourquoi se refuser le plaisir de commencer par dissiper à ce sujet quelques idées fausses ?

La choucroute, qui symbolise immanquablement dans notre imaginaire l'alimentation des Allemands, est avant tout une invention (géniale) des Alsaciens. C'est donc un plat, à l'origine, de culture germanique si l'on veut, mais enfin français. Qu'on se le dise : à de très rares exceptions près, elle ne sert dans les assiettes allemandes que de garniture, en général trop cuite, et toute ruisselante d'un jus vaguement sucré, auprès d'autres nourritures qui relèvent plus elles-mêmes du buffet de gare que du restaurant gastronomique ou du festin familial. Voilà pour le mythe tenace des « Allemands bouffeurs de choucroute ».

Quant à la bière, elle joue en effet un grand rôle dans la vie sociale des Allemands, soit. Mais tout de même un peu moins qu'on ne le croit chez nous ; et surtout, un peu moins que chez d'autres peuples, à la fois grands producteurs et grands amateurs eux aussi : les Américains, les Belges, les Anglais, les Irlandais, les Australiens — peut-être bien les champions du monde pour la consommation, mais oui ! — ou les Scandinaves, pour ne citer qu'eux.

Naturellement, il y a en Allemagne comme chez nous, ou du côté de Manchester ou de Liverpool, des jeunes gens qui n'envisageraient pas d'aller voir un match de football, ou même simplement de mettre en commun leur ennui et leurs vélomoteurs un samedi soir, sans forcer sérieusement sur la bière — rarement la meilleure, au demeurant. Mais la bière est, en Allemagne, considérée comme une chose trop sérieuse pour être laissée aux seuls amateurs d'ivresse ou aux buveurs pressés.

Les retraités un peu compassés qui vont boire, dès le matin, seuls ou entre amis, leur *Frühschoppen* [1], leur première bière de la journée, se gardent d'afficher cette frénésie de nos descendeurs de pastis à la file : tout le monde sait bien, en terre germanique, qu'il faut sept minutes bien sonnées pour tirer convenablement une bonne chope, avec la densité de mousse requise.

Et si la bière est en effet présente dans mille et une circonstances de la vie, elle l'est aussi dans certaines locutions qui méritent d'être signalées aux non-germanistes. La bedaine, en allemand, se dit communément *Bierbauch* (« ventre à bière »), même chez les gens — rares — qui n'en boivent jamais. L'exubérance : *Bierlaune* (« humeur de [buveur de] bière »). Et, ô joie,

« être sérieux comme un pape » se traduit, en allemand familier, par « être sérieux comme la bière », *bierernst* ! Quant à la locution : « Ce n'est pas ma tasse de thé », britannique à l'origine mais qui a aussi fait florès en français, elle se formule naturellement, en allemand : « *Das ist nicht mein Bier* », « Ce n'est pas ma bière » — mais là, c'était presque trop facile à deviner.

Quand un pays compte quelque 1 300 brasseries (au sens d'établissement fabriquant de la bière), dont 900 pour la seule Bavière, il faut bien s'attendre à ce que cela laisse quelques traces dans les comportements, y compris linguistiques. Et si la ville productrice la plus importante du monde, Milwaukee, est américaine, les deux suivantes sont allemandes : Dortmund, avec notamment la célèbre DAB (*Dortmunder Actien Bier*), et Munich, dont les six bières labellisées « munich » — sans majuscule, le fin du fin — dans le monde entier sont préservées de toute dérive, mais aussi de la concurrence européenne, par la fameuse « loi de pureté » (*Reinheitsgebot*) inchangée, dit-on, depuis le XIIIe siècle.

Puisque nous avons commencé d'aborder les clichés sur la culture allemande par leur dimension éthylique, poursuivons avec le vin. Sauf dans les régions de forte production, notamment les vallées du Rhin et de la Moselle, mais aussi la Franconie, la consommation de vin est, davantage que celle de la bière, liée à une fête particulière, et rarement collective. Il s'agit plus du dîner entre amis, voire du tendre tête-à-tête aux chandelles, que du pot annuel du comité d'entreprise. Il reste même relativement fréquent qu'après avoir pris un repas sans vin, on débouche une bonne bouteille, de préférence française, et qu'on la savoure en devisant, comme nous ferions d'un bon cognac ou de la vieille prune du grand-père.

Mais il ne doit pas s'agir que de cela. Sinon, l'Allemagne ne serait pas devenue le premier importateur mondial de vin et le premier exportateur... de vin blanc. On comprend d'ailleurs que son vin rouge, à l'inverse, ait quelque mal à trouver preneur à l'extérieur : très souvent dopé au glucose, pour compenser un ensoleillement faiblement propice et des sols plus favorables au blanc, il est en général tout juste un petit peu moins sucré qu'un sirop pour la toux, pas beaucoup plus savoureux et sensiblement moins efficace pour les bronches.

Mais la « culture du vin » est déjà forte et ancienne dans certaines régions. Et il n'est aucune grande ville d'Allemagne qui — miracle du marketing plus que de l'œnologie, hélas — ne célèbre avec enthousiasme l'arrivée du beaujolais nouveau. Le breuvage ainsi répandu sur tous les *Weinstuben* allemands à grand renfort de drapeaux tricolores et de banderoles publicitaires (« *Der neue Beaujolais ist da !* ») n'est certes pas le meilleur de la production, et il trompe de moins en moins les amateurs allemands, mais il marque tout de même l'occasion d'une petite fête de plus.

Car les Allemands aiment la fête, qu'elle soit intime ou collective. Peut-être s'agit-il là d'une tradition venue de l'Europe centrale ou d'une réaction contre une certaine grisaille urbaine ambiante : ne dit-on pas en France que les gens du Nord, eux aussi... ? En tout cas, leur vie est bien plus émaillée de réjouissances en tous genres que la nôtre. Sans parler du culte de Noël, dont l'approche orne tous les centres piétonniers des villes d'innombrables petites boutiques où l'on vend des accessoires de fête, des petits cadeaux, des sapins, des sucreries, du *Glühwein* (vin chaud sucré aux épices) et des saucisses à déguster sur place, tout est prétexte à divertissement.

À commencer par le carnaval, ou plutôt les carnavals, aux dates variables. C'est en Rhénanie, notament à Cologne, que ce type de fête est le plus spectaculaire : le dérèglement y devient alors la règle, en une inversion diabolique, et certainement libératrice, des valeurs sociales.

Tout commence en fonction des « quatre onze » : le onze novembre, à onze heures onze. Et tout devient possible. Un peu comme, jadis, le fou du roi était autorisé — et lui seul — à dire au souverain ses quatre vérités, à condition que ce fût drôle, et à charge pour le monarque d'en faire discrètement son profit, de même la caricature la plus féroce se donne alors libre cours. Avec un large recours au travestissement, autre passion allemande, et qui est après tout une autre forme de caricature.

Le sport fait lui aussi partie, bien plus que chez nous, de la culture de tous les jours. Non seulement le sport d'élite, qui intéresse d'autant plus les Allemands que leurs champions y excellent plus souvent qu'à leur tour : inutile d'y revenir, il suffit de regarder un peu la télévision ou de lire *L'Équipe* pour s'en convaincre, malgré la forte déconvenue allemande lors de la dernière Coupe du monde de football. Mais aussi le sport des amateurs, même peu doués. Il est vrai que, dans les années quatre-vingt, le gouvernement fédéral avait lancé une campagne d'incitation à la pratique sportive populaire [2] dont les résultats avaient dépassé toutes les espérances : jamais l'Allemagne n'avait connu, en temps de paix, autant de bras et jambes cassés, de foulures diverses, d'accidents cardio-vasculaires et tout simplement de grippes attrapées à courir en short dans la neige.

L'image du bon gros Allemand gonflé de bière, de choucroute, de saucisses et de la fumée de sa lourde pipe est donc particulièrement fausse aujourd'hui. Un citoyen de la RFA sur quatre, tous âges confondus, est membre d'une association sportive. Cependant que plus de deux millions d'entre eux travaillent dans une fédération sportive à titre bénévole. Il faut dire qu'il y a, dans l'Allemagne réunifiée, plus de cinquante mille stades de différents niveaux, trente mille gymnases et sept mille piscines. Ça aide...

Je me souviens que Karl Carstens, alors président de la République fédérale, nous avait un soir raconté, à quelques journalistes français qu'il recevait dans sa résidence de Bonn, une anecdote significative de cette passion de ses compatriotes pour le sport. Visitant un jour un lycée (qui s'appelle justement en allemand un *Gymnasium* !), il remarqua que, dans le petit groupe des élèves qui lui demandaient un autographe, un gamin semblait lui témoigner une admiration vraiment hors normes, puisque, subrepticement, il se reglissait toujours dans la queue et devait bien en être à son quatrième ou cinquième paraphe présidentiel. Carstens s'exécute une nouvelle fois, mais le retient par la manche et lui demande avec un peu de vanité attendrie : « Ca te plaît donc tellement, petit, d'avoir un autographe du président ? Mais c'est pour toute ta famille, peut-être... » Et son jeune admirateur présumé de répondre : « Ce n'est pas tellement ça, *Herr Bundespräsident*, mais contre trois de vos signatures, je peux en avoir une de Franz Beckenbauer ! »

Ce goût du sport se combine d'ailleurs tout naturellement, chez les Allemands, avec celui de la vie associative, tout comme, d'ailleurs, toutes les autres activités sociales et culturelles. On pourrait paraphraser le célèbre « Là où il y a une volonté, il y a un chemin » de Champlain, ou le « Là où il y a un besoin, il y a un marché » des théoriciens du libéralisme économique, en affirmant que là où il y a des Allemands, il y a une association. Et même tout un ensemble d'icelles : plus de trois cent mille pour l'ensemble de la République fédérale. Une pour 266 citoyens en moyenne. Or certaines ont plusieurs millions de membres... C'est dire que l'Allemand est ce que l'on pourrait appeler un associatif multicartes.

Mais en dehors des petits groupements, fort utiles mais banals, que tous les pays connaissent (les locataires d'un immeuble, les parents d'élèves d'une école, les anciens combattants d'une agglomération, les associations caritatives locales, et bien entendu les clubs sportifs), c'est dans le domaine culturel que cette passion associative trouve le mieux à s'exercer. Car — nous y voilà enfin — l'Allemagne est, n'en déplaise aux clichés et à nos certitudes triomphantes, le pays par excellence de la culture de masse. À tel point, d'ailleurs, que celle-ci y est protégée par la Loi fondamentale, sans que, pour autant, le pouvoir quel qu'il soit en tire argument pour régenter les « Beaux-Arts », comme disait avec une naïveté pompeuse, charmante et légèrement redondante la IIIe République.

Je ne vais pas me lancer ici dans une énumération exhaustive : parler en détail de la vie culturelle dans l'Allemagne d'aujourd'hui, même en se limitant à ses aspects les plus populaires, ferait en soi un autre livre, beaucoup plus épais ! D'autant plus que la fusion des deux États a, tout à la fois, offert d'importantes perspectives nouvelles et posé des problèmes inattendus. Mais j'ai toujours été frappé par l'extraordinaire décalage qui existe entre l'imprégnation culturelle de la vie quotidienne allemande et l'image que nous en avons en France.

Contentons-nous donc de quelques exemples significatifs. L'Allemagne, c'est, parmi d'autres choses, une centaine d'opéras, tous subventionnés bien entendu, et où l'on peut croiser des messieurs âgés en frac, des dames mûres en robe du soir, des couples qui ont gardé leur tenue de bureau et des jeunes gens en jean. Les uns et les autres suivant parfois, moins nombreux qu'au Staatsoper de Vienne mais quand même, la partition du *Trouvère* ou du *Vaisseau fantôme* avec une microscopique lampe de poche.

C'est aussi, toujours au chapitre de la musique, deux millions de choristes amateurs pratiquant régulièrement. Et, le week-end surtout, dans les rues piétonnières de n'importe quelle ville même très moyenne, des petits groupes de jeunes — la formation type étant bien entendu le quatuor à cordes, mais on y trouve aussi de remarquables flûtistes, harpistes, voire pianistes grâce aux plateaux à roulettes — qui vous jouent, dans l'espoir de quelques piécettes, du Vivaldi, du Boccherini, du Mozart ou du Brahms. Non pas, comme nos guitaristes du métro, qui écorchent Bob Dylan « pour manger et rester propres », mais pour que vous les aidiez à devenir encore meilleurs musiciens. Même s'ils sont, par ailleurs, eux aussi chômeurs...

L'Allemagne culturelle de tous les jours, ce sont aussi d'innombrables soirées au théâtre, du plus classique à l'avant-garde (où les troupes de l'Est ne sont pas les dernières à s'illustrer, avec un goût particulier, et si compréhensible, pour Brecht et la satire politique et sociale). Rien qu'à Berlin, il y en a, de ces théâtres, plus de cent cinquante. Oui, mais c'est Berlin, me direz-vous. Ancienne et future capitale, de réputation internationale, comme Paris ou Londres. D'accord : parlons de deux villes bien ouvrières, bien industrielles, au cœur de la Ruhr : Bochum et Essen. Les spécialistes les considèrent, avec Mannheim, qui n'a certes pas non plus sur le plan mondial l'image culturelle de Venise ou de New York, comme de hauts lieux de la création dramatique nationale.

Et que dire du livre ? Passons sur le fait que l'imprimerie elle-même, du moins le caractère mobile qui a tout changé, est une invention allemande : après tout, Johannes Gutenberg aurait pu s'appeler Jehan Bonnemontagne, ou Giovanni Buonmonte, et travailler à Tours ou à Milan au lieu de Mayence. Mais l'édition allemande est aujourd'hui la deuxième du monde après celle des États-Unis, avec près de 70 000 titres annuels (rééditions comprises ; le chiffre équivalent français est d'environ 20 000), et 2 000 éditeurs. La Foire du livre de Francfort est, de loin, la plus importante de la planète. Et surtout, on trouve dans tous les centres-villes d'immenses librairies, où flâne à toute heure un public nombreux et disparate. Quant aux bibliothèques publiques, même s'il n'existe pas en Allemagne de réel équivalent de notre Très Grande Bibliothèque — on nous laisse volontiers ce gigantisme, que nous n'aurions pas manqué, s'il s'était manifesté dans l'autre sens, de qualifier de typiquement teuton —, elles pullulent à l'Ouest comme à l'Est : de part et d'autre de l'ancienne frontière interallemande, on en compte respectivement, en chiffres ronds, 15 000 et 9 500. Certaines sont considérables, comme à Munich (6 millions de volumes) ou à Berlin (4 millions). Mais, plus significativement, et plus utilement sans doute, beaucoup d'autres se « contentent » d'offrir à leurs utilisateurs, dans le moindre recoin de la République fédérale, un choix important et varié d'ouvrages romanesques ou non. Ce qui tombe d'autant mieux que le livre est malheureusement, en Allemagne, assez cher.

La vérité est que les Allemands ont su réussir, en matière culturelle — car ce que l'on a dit des opéras ou des bibliothèques vaudrait bien entendu tout autant pour les musées —, deux choses qui nous manquent encore cruellement. Et qui, je le crains, risquent même de nous manquer toujours.

La première est, je n'ose dire la décentralisation, puisque la centralisation n'a jamais vraiment existé en Allemagne, on l'a dit, mais du moins la non-concentration dans la capitale. Le poids de l'histoire y joue un grand rôle : toutes ces petites ou moins petites cours des « États allemands » ont eu leurs créateurs, leurs beautés architecturales, leurs musées, leurs traditions, leurs archives. De façon plus contemporaine, le fédéralisme y eut aussi sa part : après tout, la culture n'aura été administrée, en Allemagne, jusqu'en 1998, et pour autant qu'un tel secteur de l'activité humaine puisse jamais l'être vraiment, qu'au niveau des Länder et, au-dessous, des communes. La taille modeste de la capitale « provisoire » y aura également contribué, tout comme, *a contrario*, l'imposante stature des villes « de province », terme dont on a vu à quel point il était inapplicable à l'Allemagne.

La seconde réussite des Allemands dans ce domaine est d'avoir fait de l'accès à la culture quelque chose de simple et de relativement quotidien. Chez nous, aller au théâtre, au concert — ou même, hélas, pour beaucoup, le seul fait d'acheter un livre, de s'inscrire dans une bibliothèque — reste une sorte de cérémonie. Pas forcément ennuyeuse, d'ailleurs ; il y a même là un zeste d'excitation qui peut ajouter au plaisir. Mais certainement pas à la fréquence... Une cérémonie, donc. Seuls la sortie au cinéma, le fait de regarder la télévision, la lecture du journal sont en France des actes culturels courants. Encore, dans les deux derniers cas, faut-il beaucoup de bienveillance pour les qualifier ainsi. Surtout pour qui connaît la qualité de la plupart des programmes de télévision allemands — et des journaux, même si le tout premier d'entre eux, la

Bild Zeitung, 6 millions d'exemplaires, peu éloigné des tabloïds britanniques malgré son grand format, semble au contraire avoir été inventé tout exprès pour conforter les Français dans un agréable sentiment de supériorité culturelle.

Car malgré la perte irréparable que représenta, de ce point de vue aussi, l'Holocauste, quand on pense à ce que fut la communauté juive d'avant-guerre, et ce qu'elle apporta à l'Allemagne, à l'Europe et au monde, il demeure dans la République fédérale une tradition d'intellectualisme et de culture, une fascination pour les choses de l'esprit, dont nous n'avons pas toujours une idée juste. Ou, pour parler avec moins de diplomatie, dont nous n'avons pas idée du tout.

Il ne s'agit pas ici de prétendre, contre toute vraisemblance, que le prolétaire de base allemand a un accès beaucoup plus royal que son homologue français, anglais, espagnol ou américain à Shakespeare, Stockhausen ou la sculpture contemporaine. Il s'agit simplement de constater que les Allemands, dans leur masse, et dans leur variété, ne sont pas (seulement) les obsédés de productivisme, ou à la rigueur de football, que nous croyons. Et qu'ils sont même beaucoup plus sensibles que nous, peuple autoproclamé le plus spirituel de la terre, et qui a d'ailleurs su donner quelques gages à cet égard, à cette quête de beauté qui est, avec celle de Dieu, l'une des supériorités majeures de l'homme sur l'animal.

Ils seraient même plutôt portés, toutes tendances confondues, à y voir un des éléments constitutifs du progrès social, de l'émancipation des peuples et de la paix ; dans le genre : « Amateurs de tous les pays, unissez-vous. » Quand il entend parler de revolver, l'Allemand d'aujourd'hui sort sa culture.

CHAPITRE 9

Le « nain politique » vous salue bien

« Géant économique, nain politique. » C'était la formule à la mode, agréablement balancée, pour parler de l'Allemagne dans les éditoriaux et les conversations mondaines des années soixante-soixante-dix, quand on voulait montrer que sa puissance économique renaissante (renaissante, et même déjà un peu plus) ne lui conférait pas pour autant le rayonnement diplomatique, la splendeur politique des vieilles puissances européennes.

Notamment celles qui l'occupaient : la France et le Royaume-Uni. Mais même simplement, disons, de la Suède, des Pays-Bas ou de l'Espagne. Sans parler, bien sûr, des deux super-grands, comme on disait alors : les États-Unis et l'Union soviétique. Curieusement, le même raisonnement s'est longtemps appliqué à l'autre grand vaincu de la Seconde Guerre mondiale : le Japon, lui aussi tenu pour un génie de la reconstruction, de l'industrie et de l'exportation, mais présumé frappé, sur le plan diplomatique, de la même *incapacité*, au sens juridique du terme [1].

L'Allemagne, géant économique ? C'était —

déjà — difficile à contester. Mais nain politique, c'était un peu trop vite dit. Et même contredit, de plusieurs façons, que la suite de l'histoire allait s'ingénier à conforter et à multiplier. C'était pourtant tellement rassurant de le penser ! Même en matière institutionnelle, d'ailleurs, ce pays insolemment prospère ne vivait-il pas toujours dans une sorte de baraquement constitutionnel provisoire, avec une capitale en forme de cité de transit de luxe ? Comment aurait-il pu, dans de telles conditions, se hisser au rang des *vraies* puissances politiques ?

Reconnaissons que les choses ont pris un peu de temps, en effet. Ce ne fut qu'en 1951 que la République fédérale, pourtant dûment constituée depuis deux ans, obtint le droit de faire *de la* diplomatie — sinon déjà tout à fait *sa* diplomatie — et donc d'avoir son propre ministère des Affaires étrangères. Mais la naissance de cet *Auswärtige Amt* ne leva pas toutes les formes de tutelle. En 1954, les accords de Paris abrogèrent le statut de pays occupé, mais eux non plus ne supprimaient pas encore toutes les contraintes auxquelles se trouvait soumise la RFA sur le plan diplomatico-militaire : certaines perdureront, de façon de plus en plus symbolique et fictive, il est vrai, jusqu'à la réunification de 1990 !

Mais de toute façon, ce n'était pas tant de statut d'occupation, de droit international ou d'autonomie de décision qu'il s'agissait. La dimension juridique du problème existait sans aucun doute, mais elle n'était pas primordiale. Ce qui aura compté surtout, c'est qu'en fait de politique étrangère comme en bien d'autres domaines, l'Allemagne d'aujourd'hui aura longtemps traîné l'héritage de celle d'hier. Chaque fois qu'elle pouvait être tentée de se mêler des affaires du monde, elle courait le risque de se faire renvoyer assez sèchement dans les cordes.

Encore ne parle-t-on ici, bien sûr, que de l'Allemagne de l'Ouest. La RDA fut organisée et perçue dès l'origine comme un satellite de l'Union soviétique. Et un satellite d'autant plus zélé, d'autant plus enclin à l'obéissance aveugle, que l'Allemagne hitlérienne avait coûté, officiellement, quelque vingt millions de morts à la « patrie du socialisme » : le peuple russe a payé un tribut affreusement lourd à la résistance contre l'invasion allemande, après le renversement de l'alliance hitléro-soviétique.

La tension Est-Ouest, de toute façon, laissait peu de marge de manœuvre à la République fédérale. Certes, contrairement à ce qui se passait dans l'« autre Allemagne », les électeurs y étaient libres de choisir leurs gouvernants et de déterminer les orientations diplomatiques et militaires suivies. Mais comment croire que, même sans pressions « amicales » des puissances occidentales les plus directement concernées, la présence du rideau de fer au cœur même du territoire allemand et l'encerclement de la partie prospère et libre de Berlin par le tristement célèbre mur — allant jusqu'à obliger les Américains, en 1948-1949, à mettre en place un pont aérien pour éviter l'asphyxie de la ville — pouvaient ne pas peser sur leurs choix ?

La plus efficace des propagandes anticommunistes, c'était, dans l'Allemagne de l'après-guerre, le constat triste et quotidien de la réalité. Incitée, d'un côté, à ne pas se mêler des affaires du monde, l'Allemagne fédérale ne pouvait pas ne pas observer, de l'autre, que les affaires du monde se mêlaient, elles, quotidiennement de son sort, et que son camp était tout choisi. De sorte que, durant des lustres, la seule « diplomatie » ouest-allemande aura pu sembler inspirée par une très grande fidélité à Washington et à l'Alliance atlantique. Même à gauche, à l'époque, on ne contestait guère cette orientation ; il faut dire que la figure montante du SPD était un certain Willy Brandt, alors bourgmestre régnant de Berlin-Ouest, ce qui n'incitait pas à l'indulgence à l'égard de Moscou et de ses représentants locaux.

Pourtant, l'Allemagne fédérale s'est mise à faire de la politique étrangère bien avant que nous en ayons réellement pris conscience. D'abord pilotée par une figure universellement respectée de la démocratie chrétienne, Konrad Adenauer, elle est entrée à l'ONU en 1967, comme d'ailleurs la RDA. Il avait quand même fallu attendre vingt-deux ans après l'armistice ! Cela peut sembler bien irréel aujourd'hui, tandis que les dictatures les plus sanglantes, aussi longtemps qu'elles ne sont pas renversées, peuvent rester membres de l'organisation, et même y mettre en accusation leurs adversaires, c'est-à-dire les défenseurs des droits de l'homme, mais c'est ainsi : longtemps la démocratie ouest-allemande n'inspira pas à la communauté des nations la même sympathie, ou simplement le même désir de dialogue officiel, que plus tard le Cambodge des Khmers rouges.

Mais pendant longtemps, donc, la diplomatie ouest-allemande, quel que fût l'appétit de connaissance de la planète qui a toujours caractérisé le peuple allemand, et dont on a déjà parlé [2], s'est limitée à trois domaines majeurs, dont l'addition couvrait tout de même un champ très vaste de la planète, mais ne suffisait pas tout à fait à faire une politique étrangère à part entière : l'Est-Ouest, la construction européenne, l'aide au tiers-monde.

L'Est-Ouest : l'Allemagne fédérale, très vite, ne s'est pas contentée d'être le *yes-man* de Washington. Elle a cherché à jouer un rôle actif, mais critique, dans le dispositif de sécurité occidental. Elle en avait paradoxalement les moyens : si sa propre défense, au moins nucléaire, reposait entièrement sur l'OTAN, et plus particulièrement sur les États-Unis, elle n'a pas tardé à comprendre qu'à l'inverse, les Alliés n'avaient pas grand-chose à lui refuser. Il n'en a pas toujours été ainsi : souvenons-nous que l'UEO [3] avait été très largement constituée *contre* elle, et en tout cas, au début, *sans* elle. Mais cet état de choses n'a pas duré. Et l'apport de l'Allemagne à la réflexion sur la sécurité ouest-européenne et atlantique a été considérable, y compris lorsque cette réflexion suscitait, en RFA même, de vifs remous.

La construction européenne : les Allemands s'y sont jetés à corps perdu, parce que l'ambition de base des pères fondateurs était justement de rendre impossible le retour à la situation qu'avait connue l'Europe dans les années trente-quarante. Le « plus jamais ça » des Jean Monnet, Robert Schuman ou Alcide De Gasperi, c'était aussi un cri essentiel, et même unanime, de l'Allemagne d'après-guerre. La RFA a été, aux côtés de la France, de l'Italie et des trois pays du Benelux, signataire du traité de Rome en 1957. La réconciliation franco-allemande de 1962-1963 a été, de sa part (et de la nôtre, certes !), un autre acte de foi européenne essentiel. Et Bonn a été de toutes les grandes étapes, de tous les grands rendez-vous de la marche à l'Union européenne.

Mais, dira-t-on, n'y avait-il pas là, en quelque sorte, la continuation de l'hégémonie allemande sur l'Europe par d'autres moyens ? Puisque tout nationalisme germanique était devenu impossible, du moins à visage découvert, n'était-il pas commode, finalement, d'habiller de façon moins voyante, et plus présentable, une vieille envie de régner sur le continent ?

D'abord, je ne crois pas du tout que les Allemands aient envie de dominer l'Europe. Je n'oublie pas que, cette envie, leurs grands-parents l'ont eue, ou du moins l'un d'entre eux, jusqu'à la frénésie la plus meurtrière ; et qu'il n'a pas toujours, dans son entreprise, manqué de soutien populaire, tant s'en faut. Mais ils me semblent surtout préoccupés, de nos jours, de « bétonner », au sens footballistique, leur prospérité et leur sécurité.

Ensuite, je pense que plus on craint la puissance allemande (à tort, me semble-t-il, politiquement ; économiquement, je reconnais que cela se discute davantage), plus on devrait soutenir la construction européenne. Parce que celle-ci est, dans son principe, et même si dans le détail elle comporte mille travers regrettables et abusifs, la réponse raisonnable à deux millénaires de nationalismes dévastateurs en Europe.

C'est bien pourquoi, d'ailleurs, les Allemands d'aujourd'hui aiment l'Europe. Non pas seulement comme un marché. Ni même comme une terre de vieille culture, chose à laquelle ils sont toujours sensibles. Mais comme un nationalisme élargi, enfin avouable, enfin pacifié ; comme un exutoire ; presque comme un exorcisme.

À quoi l'on pourra objecter que les difficultés auxquelles s'est heurté Helmut Kohl lors de la campagne législative de 1998 atténuent ce constat optimiste. Après s'être positionné comme l'homme de la réunification, qu'il avait certes su être... avec l'aide méritoire de Mikhaïl Gorbatchev, et ce dont les électeurs de l'ex-RDA ne paraissent lui tenir qu'une reconnaissance limitée, le chancelier sortant avait cru habile de mettre en avant, face à une certaine inconsistance diplomatique (diplomatique notamment...) de son principal adversaire, son image de « grand Européen ». Une image non moins légitime, mais qui s'est, elle aussi, révélée faiblement porteuse dans l'électorat. Surtout face à un Gerhard Schröder qui semblait se soucier de l'Europe comme d'une guigne, malgré de tardifs plaidoyers, y compris dans *Le Monde* (il est vrai que, dans ces cas-là, la réalité vous rattrape vite : souvenons-nous de « L'axe privilégié franco-allemand, c'est fini » de François Mitterrand en 1981, ou de sa prophétie préélectorale toujours démentie, par ses soins notamment : « L'Europe sera socialiste ou elle ne sera pas » !). Mais il me semble que la poussée sociale-démocrate a eu lieu non pas grâce à, mais en dépit de, ce faible engagement du candidat du SPD et cette orientation forte, au contraire, de celui de la CDU en faveur de l'Union européenne.

Quant au tiers-monde, si les Allemands s'y intéressent de façon beaucoup plus soutenue que nous, ils détestent toujours l'idée d'y intervenir autrement que de façon caritative. Le nouvel Afrikakorps n'est certes pas pour demain ! Et ils s'offusquent même en secret de notre propension à dépêcher, sur le continent noir ou ailleurs, fût-ce au nom du maintien de la paix, ou pour créer un de ces « corridors humanitaires » qui, de Bosnie au Rwanda, sont en train de devenir une des spécialités majeures de l'architecture militaire française, des corps expéditionnaires dont la passion n'est pas près de les reprendre, si elle les habita durablement jamais.

Alors, quoi ? Délivrée de son rôle charnière dans les relations Est-Ouest par l'effondrement du communisme, européiste fervente mais quasiment de routine, et cantonnée volontairement ou non, s'agissant du tiers-monde, dans un rôle de dame de bienfaisance, l'Allemagne pourtant plus puissante que jamais, et réunifiée, ne finirait-elle pas par retrouver paradoxalement son statut de nain politique — en tout cas, diplomatique ?

Évidemment non. Et même au contraire : la RFA est devenue, sous nos yeux et pourtant presque à notre insu, une grande puissance. Son entrée au Conseil de sécurité des Nations unies, je veux dire comme membre permanent, devrait le concrétiser. Son influence dans la détermination de la stratégie politique et militaire de l'Union européenne est forte, et point seulement en fonction de son poids économique. Lequel en fait pourtant, de très loin, le premier contributeur net au budget communautaire. Sa politique culturelle extérieure, malgré le handicap d'une langue sensiblement moins parlée hors de ses frontières que l'anglais, ou même le français ou l'espagnol, sans évoquer le chinois ou l'arabe, est un élément fort de sa « présence au monde », et donc de sa politique tout court.

Quant à l'immense bouleversement international induit par la chute du mur de Berlin, puis très vite celle du système soviétique, il a sans doute privé l'Allemagne d'un puissant levier vis-à-vis des États-Unis. Mais, bien plus sûrement, il l'a libérée. À l'égard du protecteur américain, certes, désormais clairement perçu comme un rival commercial, même s'il reste un ami. Mais aussi à l'égard de l'Est.

Il est vrai que l'idée selon laquelle l'Allemagne regarde plus à l'Est qu'à l'Ouest hante depuis très longtemps bon nombre de beaux esprits occidentaux. Ne disait-on pas, au début des années quatre-vingt, qu'elle était prête à échanger sa réunification contre sa neutralisation, et qu'elle deviendrait ainsi une sorte de cheval de Troie de Moscou en Europe occidentale ? Et, depuis, n'est-il pas de bon ton de rappeler, ou plutôt de prétendre, que toute sa tradition culturelle la porte, non vers l'Ouest, mais vers la partie orientale de notre continent ? Et d'expliquer que, d'ores et déjà, toute l'Europe centrale parle l'allemand et rêve d'Allemagne ?

Comme pour la plupart des billevesées géopolitiques, il s'agit, non d'un mensonge pur et simple, ou d'une extravagance totalement dépourvue de réalité, mais de l'exagération considérable de prémisses qui ne sont point forcément fausses. Nous oublions souvent, en France, que l'Europe centrale commence très près de nos frontières de l'Est (certains disent même, avec quelque exagération peut-être : à Strasbourg) et l'Europe orientale, disons, au-delà de la Slovaquie. Que l'Allemagne, située de force et à outrance, par la réalité internationale, politiquement plus à l'Ouest qu'elle ne l'est géographiquement, a naturellement vocation à s'intéresser à ces frères séparés européens que la dislocation du rideau de fer rend à nouveau proches de nous, et à plus forte raison proches d'elle. Et que, de tout temps en effet, pacifiquement ou non, l'Allemagne s'est intéressée à ses voisins de l'Est. Comme nous, Français, nous sommes plus d'une fois intéressés, pour le meilleur ou pour le pire, à ces voisins orientaux qui s'appelaient les Allemands, avant qu'ils nous portent à leur tour une attention dont, dans ce contexte et sous cette forme-là, nous nous serions bien passés.

Là aussi, l'Allemagne d'aujourd'hui se sent peu à peu libérée de vieux complexes. Mais il faut bien mesurer le chemin qui lui reste à parcourir avant de (re)devenir chère au cœur des Tchèques, des Slovaques, des Polonais, des Hongrois, des Ukrainiens, et bien entendu des Russes. Plusieurs de ces peuples parlent l'allemand comme seconde ou au moins troisième langue, certes. Un peu moins qu'il n'est convenu de le dire chez nous [4]. Et, de toute façon, ils n'aiment pas beaucoup plus le montrer, bien souvent, qu'ils ne se plaisent à afficher leur maîtrise du russe, à l'exception évidente des derniers cités.

Les jeunes y sont, plus que tout, fascinés par l'anglais, les hamburgers, les jeans et la musique américaine. Bref, par ce qui leur fut si longtemps interdit, puis au moins déconseillé. Que l'Allemagne aille y faire entendre une voix — et y montrer une voie — européenne, voilà qui n'est pas forcément regrettable. On peut le dire sans américanophobie obsessionnelle. Mais surtout, sans piteuse et traîtresse renonciation : il est heureux et sain, et de toute façon il est inévitable, que l'Allemagne trouve, dans cette Europe à la fois ancienne et nouvelle pour laquelle le Quai d'Orsay a déjà forgé un sigle plus pratique que délicat, les PECO [5], un champ d'influence logiquement privilégié par l'histoire. À condition qu'elle ne s'arroge pas, ou qu'on ne lui abandonne pas, le monopole du dialogue. Et à plus forte raison — parfois, un rien de cynisme de messied pas — celui des marchés...

L'Espagne ouvre à l'Europe le chemin de l'Amérique latine. La Grande-Bretagne, à condition de lui tordre un peu le bras, celui de certains pays d'Asie (ne rêvons pas du Commonwealth en général, ce serait peine perdue). La France a ses entrées nombreuses en Afrique ; et, même si elle tient à son pré carré, et à sa zone franc, y compris, normalement, après l'adoption de l'euro, elle a plus d'une fois joué le jeu communautaire, notamment dans la mise au point des conventions de Lomé. Que l'Allemagne soit une de nos ambassadrices — non pas notre représentante exclusive, au sens le plus commercial du terme, mais une ambassadrice — en Europe centrale et orientale, pourquoi pas, si nous savons nous-mêmes en tirer parti ?

Une chose est sûre, en tout cas : « nos » Allemands, que nous tenions gentiment sous le boisseau, diplomatiquement parlant, sont devenus les vrais acteurs d'une vraie politique étrangère. Curieusement, malgré le très fort et ancien rapprochement Paris-Bonn — mais est-ce, à y bien réfléchir, si curieux ? — cette politique-là peut être, sinon antagonique, du moins fort différente de la nôtre. Nous l'aurons, entre autres circonstances, expérimenté un peu douloureusement en Croatie et en Bosnie. Nous devrons y prendre garde en Pologne, en République tchèque, en Hongrie ou ailleurs.

Mais du moins ne peut-on nier que la diplomatie allemande, désormais, existe haut et fort. Et qu'avec ce rien de raideur qui fait son charme, le « nain politique » nous salue bien.

CHAPITRE 10

« *Dis-moi qu'tu m'aimes !* »

Il n'y a pas d'amour heureux, paraît-il. Les amours franco-allemandes auront-elles toujours échappé à cette poétique malédiction ? Certainement pas. Je veux dire, certainement pas *toujours*. Et je ne fais pas ici, ou en tout cas pas seulement, allusion aux époques, trois en soixante-dix ans, où nous nous étripâmes avec assez d'allant pour en tirer quelque prestige, comme ces couples qui ont suffisamment étalé leurs déchirements dans les dîners en ville pour forcer l'admiration un peu craintive des ternes ménages sans histoires — sans Histoire.

C'est aussi, et peut-être surtout, aux grands malentendus pacifiques que je pense. Ils n'auront pas manqué ; et de même que pour les affrontements militaires, le couple franco-allemand n'en a certes pas le monopole en Europe, pour nous limiter à cet ensemble de pays qui a osé, fait sans précédent dans l'histoire ni équivalent dans le monde, donner un contenu politique et juridique à son union économique.

Il est vrai que l'occupation allemande, la dernière du moins, a — aussi — été un très grand drame franco-français. Non pas seulement parce qu'il se trouve toujours, dans ce genre de circonstances, un « parti de l'étranger » : après tout, durant la guerre de Cent Ans déjà, les Bourguignons défendirent les intérêts de l'occupant, alors anglais, contre ceux du roi de France. Et l'on pourrait trouver bien d'autres exemples de moindre notoriété. Le caractère particulièrement dévastateur des rapports franco-allemands entre 1940 et 1944 tient à ce que ce combat entre Français n'est pas un conflit d'intérêts, à quelques bavures près : c'est une lutte profondément *politique*.

Tout comme le nazisme n'est pas seulement le label de l'envahisseur, mais une idéologie lancée à la conquête du monde, et d'abord de l'Europe, de ses vieilles démocraties à ministres barbichus, ventrus et corrompus (naturellement, certains étaient glabres et minces, ce qui n'ajoutait ni n'ôtait rien à leur vertu, et beaucoup étaient honnêtes, ce qui est déjà plus riche de signification). Une conquête qui trouve en France occupée, à cette époque, des concours et des relais. Simplement doctrinaires chez certains, mais qui conduiront d'autres sur de très redoutables chemins — parfois jusque sur le front de l'Est, sous l'uniforme SS.

Passons sur les implications que de tels déchirements entre Français ont pu avoir sur notre vie publique, et cela jusqu'à nos jours. Mais il faut bien voir que, dans un pays comme le nôtre, le fait d'aimer l'Allemagne — et c'est, d'un point de vue culturel, un autre reproche très fort à adresser à la collaboration, même s'il peut sembler bien mineur par rapport à la rafle du Vel'-

d'hiv', aux dénonciations anonymes adressées à la Gestapo ou aux exactions de la Milice — aura été très longtemps tenu pour suspect ou malsain.

Mon père allait avoir dix-huit ans, et était déjà lui-même maquisard, quand son propre père, Martial, officier socialiste révoqué par Vichy, poète bucolique à ses heures, et animateur de la Résistance en Corrèze, compagnon de la Libération à titre posthume, fut fusillé au mont Valérien, six mois (on imagine lesquels...) après son arrestation à Tulle. J'ai retrouvé un jour dans les papiers paternels un petit dictionnaire d'allemand, acquis en 1940. Le mot « résistance » (*Widerstand*, s. m.) y est entouré à la plume. Et le mot « collaboration » (*Zusammenarbeit*, s. f.) y est accompagné d'un commentaire de sa main, plein de hardiesse juvénile plus que d'exactitude sémantique, ou, hélas, politique : « Ce mot n'est pas français. » Les hasards de la vie ont voulu que je récupère ce modeste ouvrage le jour où j'ai commencé à apprendre l'allemand, au début de la quatrième ; poussé par mon père, justement. Je ne l'avais jamais entendu dire : « Les Boches » — et pas davantage depuis, bien sûr.

Mais pour beaucoup d'autres Français qui avaient également eu à souffrir de l'Occupation, sans parler de ceux qui jugeaient tardivement urgent de faire semblant, l'image de l'Allemagne, dont on a déjà rappelé tout ce qu'elle devait de négatif au nazisme, a été polluée *aussi* par les séquelles des déchirements de la période 1940-1945. Aucune autre guerre avec nos voisins n'a laissé de telles traces, y compris celle, sensiblement plus meurtrière pour nous, de 1914-1918, mais qui restait « seulement » militaire. Aucune autre non plus, sans doute, n'a autant donné aux âmes raisonnables l'envie d'une réconciliation absolue. À condition, bien entendu, qu'il s'agît d'une autre Allemagne ; ou plutôt, justement, de la vraie, pas celle de Hitler.

Curieusement, de notre propre défiance, nous avons souvent tiré la conclusion que les Allemands eux-mêmes ne nous aimaient pas. Ou du moins que, s'ils aimaient nos vins, nos grands restaurants et nos parfums, à la rigueur le soleil de notre côte méditerranéenne et la beauté de nos femmes, ils n'avaient pas de sympathie profonde pour ce que nous sommes vraiment. C'est-à-dire non seulement des producteurs de luxe, ou même plus modestement des amateurs de bonne chère, de belles voitures et de douceur de vivre, mais aussi une nation à la fois très vieille et moderne, qui prétend tenir sa partition dans l'orchestre européen et faire, à l'occasion, entendre sa différence. Disons-le carrément : il y a en nous quelque chose qui nous laisse à penser que les Allemands nous méprisent un peu.

Rarement malentendu aura été plus profond. Je ne me risquerais sans doute pas à jurer que la fameuse « arrogance allemande » soit une pure invention, encore qu'elle ne me semble pas supérieure, à tout prendre, à la condescendance vis-à-vis de l'étranger que des Français peuvent manifester dans certaines circonstances. Et ce n'est même pas à la période coloniale que je fais allusion, ce serait trop facile. N'est-ce pas, Belges mes amis ? Mais je n'ai pas observé, dans des rencontres qu'on voudra bien croire nombreuses et variées avec des Allemands contemporains de tout rang social et de tout profil politique ou culturel, que ceux-ci nous tiennent, osons le mot, pour inférieurs.

Le problème — pour nous ! — est qu'ils n'adhèrent pas toujours totalement à l'image que nous voudrions donner de nous, que dis-je ? à l'image que nous croyons sincèrement présenter aux yeux bienveillants, voire fascinés, du monde extérieur. Par exemple, pour beaucoup d'Allemands, les Français sont incroyablement conservateurs. Ou en tout cas des révolutionnaires conservateurs. Toujours prompts à exiger que des têtes tombent et que le monde change, mais fort attentifs, en réalité, à ce qu'il n'en soit rien. Et cramponnés, bien plus qu'eux-mêmes, à la défense des privilèges catégoriels. Cela ne les empêche pas de nous aimer.

Je sais bien que la formule « Heureux comme Dieu en France », qui est presque devenue en Allemagne un tic de langage, se réfère certainement plus, justement, à la *dolce vita* hexagonale qu'au talent de nos ingénieurs ou au génie de nos écrivains. Quoiqu'il ne faille pas sous-estimer la fascination de ce peuple, si volontiers « intello » lui-même, pour nos grands intellectuels. Ni pour notre capacité, parfois, à nous lancer dans des controverses échevelées sur les sujets les plus abscons, ce dont lui-même raffole.

Mais ce sentiment que nous avons d'être mal aimés d'eux, ou, pire encore, de n'en être appréciés que pour de superficielles et discutables raisons, ils l'éprouvent aussi de façon symétrique, et même plus fortement encore, s'il se peut. Pour beaucoup d'Allemands, ce que nous apprécions dans la République fédérale relève plus de l'admiration un peu envieuse pour son industrie que de l'affection pour ce qu'elle est vraiment. C'est d'autant plus singulier que, pour beaucoup d'autres Européens, la trop bonne entente franco-allemande a au contraire quelque chose d'agaçant, pour ne pas dire plus.

J'entends bien qu'il s'agit alors, le plus souvent, non d'une connivence supposée trop forte entre l'âme des deux peuples, mais de stratégies communes, en particulier dans l'arène européenne. Il n'empêche : ce couple Paris-Bonn (au fait, pour quel autre tandem binational emploie-t-on sans guillemets cette expression quasi matrimoniale ?) qui fait jaser les autres capitales est composé de deux éléments qui, pour reprendre les vers de Jacques Brel, parlant évidemment de tout autre chose, « croient tous deux porter les chaînes, et tous deux que l'autre a le velours »...

Cette fameuse réconciliation aura heureusement été l'œuvre, sur le plan politique, de deux personnalités, indiscutables sur le plan du passé, et quelques autres, on l'a dit : Konrad Adenauer et Charles de Gaulle. De Gaulle a fasciné les Allemands ; il les a souvent exaspérés aussi. Notamment par son comportement altier, toujours à la limite de l'insolence, vis-à-vis de la puissance américaine, alors indispensable à la protection de la RFA. Et peut-être bien, dans les débuts de la Ve République, voire plus tard, à celle de la France.

Mais le gaullisme a souvent consisté, dans l'Histoire, à feindre de pouvoir se passer de l'indispensable, surtout quand l'indispensable en question est plus fort que soi, et rêve d'hégémonie. Cela lui a valu de solides inimitiés, mais aussi des amitiés, des admirations. Et cela aura notamment forgé le lien franco-allemand, au service de tout un continent, quoi qu'on en ait dit. Je sais bien que le Général n'est pas le sujet principal de ce livre ; mais je ne résiste pas à la tentation de dire qu'il fut à mes yeux — et, toute réflexion faite, à ceux de bon nombre d'Allemands — un des vrais pères de l'Europe moderne, contrairement à ce qu'il est d'usage de prétendre, y compris, à l'occasion, chez ceux qui se veulent ses héritiers.

Et puis, de Gaulle parlait l'allemand, avec une délectation visible de latiniste, amoureux des langues à déclinaisons ; et il éprouvait le sentiment, point usurpé au demeurant, que le fait de savoir l'allemand était un signe de reconnaissance pour les connaisseurs de la vieille Europe comme pour les bâtisseurs de la nouvelle. Un allemand qu'il avait pourtant appris ou réappris en captivité, durant la Première Guerre mondiale ; il était pétri de culture classique, donc notamment allemande [1]. Comme disait Edgar Faure : « Ça crée des liens. »

On ne s'en rend pas toujours réellement compte, mais l'union franco-allemande, qui n'est pourtant pas absolument inconditionnelle, fut et reste le moteur essentiel de la construction européenne. Chaque fois que celle-ci a paru bloquée par un dossier particulier, c'est une initiative Paris-Bonn qui l'a sortie de sa paralysie ou de sa léthargie. Toutes les avancées majeures — élection du Parlement au suffrage universel direct, création du Système monétaire européen, marché unique, réflexion sur une politique étrangère et de sécurité commune, réforme des institutions, lancement de l'euro, et j'en passe — sont dues à la coopération entre les deux pays, à l'intérieur du cercle plus large de la Communauté, puis de l'Union.

On remarquera d'ailleurs que cette belle entente a toujours survécu, sans aucune difficulté, aux changements de politique intérieure. On dirait même qu'il y a, depuis le succès du tandem Giscard-Schmidt, une sorte de malice des contraires. Et que rien ne vaut, pour sceller l'union, un chancelier de gauche avec un président français de droite, ou l'inverse. Comme si l'aventure bilatérale, elle-même placée au service de l'aventure à neuf, dix, douze, quinze, avait besoin de cette complémentarité, au lieu qu'elle soit handicapée par cette opposition.

Cela n'aura jamais exclu certaines divergences, ou au moins certaines nuances. La crise de l'ex-Yougoslavie en aura fourni un exemple fort. Il faut dire que chacun y avait ses « vieux » amis et ses ambiguïtés. Les Croates étaient historiquement les méchants, jadis germanophiles de la plus détestable façon ; et les Serbes les gentils, puisque nos alliés durant deux guerres mondiales. On sait ce qu'il en advint dans la réalité d'aujourd'hui, mais...

D'une manière générale, et au-delà de ces héritages diplomatico-militaires respectifs qui ne constituent certes pas l'essentiel du problème, les Allemands ne partagent pas, c'est même une litote, nos démangeaisons interventionnistes. L'humanitaire, pour eux, relève bien davantage des crédits publics et des fondations privées que des corps expéditionnaires, même d'interposition et d'assistance. Comme on dit quand on cherche à concilier des points de vue opposés : il faut les deux. Ils sont l'un, nous sommes volontiers l'autre. C'est ainsi. Mais quand il s'est agi de constituer l'Eurocorps, embryon d'une défense européenne commune, ce sont d'abord les Français et les Allemands qui se sont associés. Et, pour que tout le monde comprenne bien, c'est à Strasbourg que l'on a installé cette nouvelle unité.

Et puis, il y a la réalité semestrielle de ces sommets franco-allemands qui ponctuent la coopération entre les deux pays. Au moment où ce livre paraît, on en est au soixante-dixième. Routine absolue, alors ? Banalisation ? Incontestablement. Mais cette routine, cette banalisation sont en elles-mêmes éloquentes. Chaque fois, une bonne dizaine de ministres se retrouvent deux par deux, avant et après des séances plénières. Ils arrivent au sommet avec une longue liste de points litigieux. Et pourtant, toute une préparation technique a déjà eu lieu, pour déblayer le terrain. Ils en repartent, neuf fois sur dix, avec des solutions. Parce que la volonté de conclure, d'aboutir à des solutions pratiques, concrètes et immédiatement applicables, l'emporte largement sur le souci de défendre pied à pied les seuls intérêts nationaux.

Dans d'autres domaines, qui relèvent sans doute moins de l'action publique sans y être toutefois absolument étrangers, l'évolution de cette coopération est plus décevante. C'est particulièrement vrai en ce qui concerne l'enseignement, dans chacun des deux pays, de la langue de l'autre, enseignement qui ne cesse de régresser après avoir connu au contraire une embellie dans les années soixante-dix et même quatre-vingt.

Embellie qui avait, il est vrai, une cause

ambiguë, au moins chez nous, et qui ne tenait qu'indirectement à l'Allemagne : choisir une classe d'allemand, c'était (en principe) profiter d'une sélection de fait, les élèves germanisants étant présumés de plus haut niveau que ceux qui choisissaient en deuxième langue, et à plus forte raison en première, disons l'espagnol ou l'italien, d'un apprentissage réputé plus facile.

Moyennant quoi, aujourd'hui, triomphe l'anglais basique : non pas celui, magnifique et subtil, de l'Angleterre cultivée, mais le *mix*, comme diraient justement ses adeptes, des quelque cinq cents mots anglo-américains qui permettent à la terre entière de prendre l'avion et de se débrouiller à l'hôtel... Ce qui — ne nous faisons pas plus vertueux que nous ne le sommes — est d'ailleurs bien pratique au Kazakhstan, en Laponie ou à Shanghai.

Cette désaffection, qui ne désole pas que les professeurs directement concernés, ne traduit pourtant pas, me semble-t-il, un désamour franco-allemand. Ni au niveau des gouvernements ni au niveau des deux peuples. Mais il montre bien qu'il reste à convaincre l'un et l'autre que le fonds commun de leur culture, et aussi l'addition de leurs différences — ce que l'on appellerait dans la théorie des ensembles à la fois leur intersection et leur union —, constitue un patrimoine irremplaçable.

France-Allemagne : une valeur sûre, et même capitale, justement parce qu'elle n'allait pas de soi, et que trop de larmes l'ont payée. Mais ni « eux » ni nous ne le mesurons encore tout à fait vraiment. Ni ne savons toujours en faire profiter les autres.

Conclusion

Conclusion ? Non. Pas encore. Pour « en finir avec l'Allemagne », autrement dit avec toutes les idées préconçues que nous avons dans nos têtes sur ce pays à tant d'égards atypique, pour que nous cessions, tout à la fois, de mésestimer et de surestimer nos voisins de l'Est, je sais bien qu'il faudra un peu plus que ce petit livre.

Il faudra, en particulier, beaucoup de curiosité personnelle et de sens critique — avons-nous encore le temps et l'envie d'exercer l'un et l'autre ? Pouvons-nous, pourrons-nous lire des reportages de fond sur l'Allemagne, et sur les Allemands, en dehors de la « couverture » des élections à grand spectacle (et encore...) et de la Bourse de Francfort ? Du moins n'aurais-je pas perdu mon temps si j'étais parvenu à convaincre le lecteur que l'Allemagne n'est pas tout à fait ce qu'il croit, par excès ou par défaut, et souvent par une étrange combinaison des deux.

Il y a une phrase de Saint-Exupéry, à laquelle je n'adhère d'ailleurs que partiellement, mais qui constitue une inusable platitude pour discours d'ouverture ou de clôture de colloque franco-allemand (et Dieu sait s'il y en a en une année !) : « Aimer, ce n'est pas se regarder l'un l'autre, c'est regarder ensemble dans la même direction. » Cela ne ressemble pas beaucoup à l'auteur du *Petit Prince* ou de *Vol de nuit*. C'est gentiment mièvre, comme une devise de carte postale rose 1900 pour fiancés enamourés, et faussement profond. Mais, traduit en franco-allemand, cela signifie en substance : notre coopération n'en est plus au stade de la réconciliation et des déclarations d'amour, elle doit se mettre au service de nos partenaires et alliés. D'Europe, bien sûr, mais aussi, pourquoi pas, d'ailleurs.

C'est comme le texte original de Saint-Ex : à la fois vrai et incomplet. Aimer, c'est *aussi*, pour deux êtres, se regarder l'un l'autre et y puiser de nouvelles raisons de vivre (c'est même ce qui le distingue d'un simple partenariat, d'une association amicale). Et, pour deux pays comme la France et l'Allemagne, se mieux connaître.

Contrairement à ce que l'on entend dire souvent, il reste à cet égard beaucoup à faire, et dans les deux sens. Non, la relation franco-allemande n'a épuisé ni ses charmes ni ses vertus. Non, l'aventure ne s'arrête pas là. À condition du moins que nous en mesurions et la nécessité et la pérennité. Ce qui suppose évidemment quelque effort : il est toujours plus reposant de s'en remettre au train-train quotidien que d'inventer. Mais que les uns et les autres y prennent garde — et qu'ils s'y mettent enfin sérieusement : cela en vaut la peine. En matière internationale comme en amour, ce n'est pas la curiosité, mais l'incuriosité qui est un vilain défaut.

Mes amis allemands m'ont fréquemment objecté que cette incuriosité-là était surtout le fait des Français, et qu'il suffisait de lire leur presse et la nôtre pour s'en convaincre. Cette remarque, si souvent entendue, est sans doute recevable. Mais elle méconnaît deux choses : notre regrettable manque d'appétit collectif pour l'étranger, tous pays confondus, c'est le cas de le dire ; et puis les raisons que nous pouvons avoir, encore aujourd'hui, de douter de la nature même, de la profondeur et de la sincérité du sentiment allemand à notre égard. Raisons que personnellement je crois fausses, mais dont il ne sert à rien de nier la persistance. Et que les Allemands eux-mêmes, je veux dire ceux d'aujourd'hui, contribuent parfois bien involontairement à entretenir, comme d'ailleurs ils le font aussi vis-à-vis d'autres peuples.

C'est que l'Allemagne, même à ses propres yeux, n'arrive pas encore tout à fait à devenir un pays comme les autres. Un peu — risquons une comparaison qui eût fait bondir il y a quarante ans, ou même trente, quand les deux États nouaient dans une formidable gêne mutuelle des relations diplomatiques qui nous semblent maintenant aller de soi — un peu, oui, comme Israël.

Il y a des pays dont tout le problème est d'émerger, d'exister, d'être perçus comme une entité spécifique, et non pas comme un morceau — disons, au hasard — d'Amérique latine, d'Afrique ou d'Extrême-Orient, interchangeable avec bien d'autres. Et dont peu de gens, sur un autre continent, sauraient situer précisément la place sur la carte du monde, au propre comme au figuré, ni citer la capitale ou nommer le principal dirigeant politique. Il en est d'autres au contraire dont la difficulté est de ne pas être perçu comme un « cas », comme une « affaire ».

Et c'est bien ce avec quoi, tout autant que nous, les Allemands eux-mêmes doivent, pour en revenir au titre de ce livre, *en finir*. À nous de les y aider, certes ; et ce que nous avons souffert d'eux nous en donne non seulement le droit, mais, paradoxalement, le devoir. Mais à eux aussi, à eux avant tout, de faire en sorte — ou plutôt de continuer à faire en sorte, car il serait fort injuste de nier tout ce qu'ils ont déjà accompli à cet égard — qu'il n'y ait plus jamais, dans nos têtes, de « question allemande ». Je dis bien : dans nos têtes, ou, si l'on veut, dans nos cœurs ; car il y a belle lurette que, politiquement, c'est fait.

Ce jour-là, que je sens proche, l'Allemagne se sera complètement réconciliée non seulement avec l'Europe et le monde, mais avec elle-même. Elle aura achevé de gagner la paix — et nous, donc !

Notes

INTRODUCTION

1. Les Allemands ont, pour désigner ce genre de propos, une expression très voisine, *Stammtischrede,* littéralement « discours de la table des habitués », qui montre au moins que les Français n'ont le monopole ni des piliers de bistrot ni des vues géostratégiques que ceux-ci développent volontiers après deux ou trois verres.

1. KRIEG, GROSS MALHEUR !

1. Comme le note Anne Applebaum dans un article brillant et solidement documenté de *The Spectator*, numéro du 12 février 1994, « The lesser of two evils ? » : « Quand un Asiatique est assassiné à Londres, personne n'en parle ; si un Turc est assassiné à Berlin, le monde entier s'émeut. »

2. Sous l'uniforme norvégien, il est vrai, ce qui devait lui valoir de sérieuses attaques lorsque sa carrière politique prit forme. Et cela d'autant plus que, parfaitement à l'aise dans cette langue, il avait songé à en épouser la nationalité. Il se contenta finalement d'en épouser, pour un temps, une fort sympathique ressortissante.

3. Abréviation de *Staats Sichereit* (Sécurité de l'État), organisme qui empoisonna la vie de dix-sept millions d'Allemands de l'Est durant une bonne quarantaine d'années, puis de ses informateurs pour quelques lustres supplémentaires, lorsque ses archives s'entrouvrirent à la curiosité du grand public, des journalistes... et des « services » occidentaux. À commen-

cer, bien sûr, par celui de RFA, le *Bundesnachrichtendienst*, que l'on est tout à fait autorisé à appeler simplement BND.

4. *Nationalsozialistische Deutsche Arbeiterpartei*, Parti national-socialiste des travailleurs d'Allemagne, autrement dit le parti nazi, par contraction d'ailleurs assez approximative. On veillera, si l'on veut passer pour germaniste, à prononcer *natsi*.

2. CONTES ET LÉGENDES DE LA NOSTALGIE

1. Abusive, oui, même si elle est bien commode pour éviter les répétitions dans un article ou un livre : une partie non négligeable de l'Allemagne est elle aussi située de « notre » côté du *Vater Rhein*, à commencer par l'essentiel de l'agglomération de Bonn. Dont, excusez du peu, la Chancellerie, les ministères, le Bundestag, la présidence de la République, du moins pour quelques mois encore, au moment où ces lignes sont écrites. Ne parlait-on pas, d'ailleurs, après le traité de Versailles, de la « démilitarisation de la rive gauche du Rhin » comme d'une des exigences françaises, ou de sa remilitarisation comme d'un authentique coup de force ? Avec le transfert progressif de la capitale à Berlin, l'expression, il est vrai, pourra sembler plus approximativement justifiée, sans devenir tout à fait exacte pour autant.

2. Office franco-allemand pour la Jeunesse, créé en 1963 (parmi d'autres organismes de coopération Paris-Bonn), et qui finance ou organise depuis, chaque année, des stages croisés pour les jeunes des deux pays. Comme les jeunes ont, en général, tendance à se transformer en adultes, tous les espoirs sont permis. D'ores et déjà, l'OFAJ n'aura pas peu contribué à l'ancrage de la réconciliation et de la coopération franco-allemandes dans l'opinion.

3. Mais, à y bien réfléchir, n'y aurait-il pas là une inquiétante réminiscence des cultes solaires païens, voire aryanistes, point très éloignés de la mythologie nationale-socialiste ? Il est vrai que les Suédois, les Néerlandais, les Belges, eux aussi...

4. Aux chapitres 8 et 9.

3. UN CERTAIN GOÛT DE L'ORDRE

1. Un esprit plus facétieux qu'équitable assurait il est vrai que l'adjectif « militaire » produisait, dans les mêmes circonstances, un effet tout différent, celui d'inverser le sens du

mot auquel on l'accolait : justice militaire, musique militaire, esprit militaire... On pourrait étendre le bénéfice de cette remarque, au moins pour certaines expressions, à l'adjectif « populaire » : justice populaire, démocratie populaire, république populaire.

2. Au chapitre 6.

3. *Ausserparlamentarische Opposition* (Opposition extra-parlementaire).

4. En septembre 1977, au cours d'un attentat qui devait faire cinq morts, le président du patronat « ouest-allemand », comme on disait encore, Hans Martin Schleyer, est enlevé par un groupe de la RAF qui exige, en échange de la vie de son otage, et parmi d'autres choses, la libération d'Andreas Baader et de plusieurs de ses complices. Le chancelier social-démocrate Helmut Schmidt tient bon. Pour forcer sa décision, un autre commando terroriste détourne un mois plus tard un Boeing de la Lufthansa sur Mogadiscio et menace d'assassiner les passagers. Un commando antiterroriste du GSG 9 donne victorieusement l'assaut à l'appareil et libère les otages sauf le pilote, assassiné. Dans la matinée du même jour, Schleyer est retrouvé mort dans le coffre d'une voiture, et les trois principales figures de la RAF, Andreas Baader, Gudrun Ensslin et Jan-Karl Raspe, sont retrouvés morts dans la prison hambourgeoise de Stammheim où ils étaient détenus. La version officielle de leur suicide sera toujours contestée par l'extrême gauche.

4. L'ADIEU AUX ARMES

1. C'est d'ailleurs la crainte d'un réarmement allemand, que la CED rendait, au moins à terme, inévitable, qui devait être la cause principale de l'échec final du projet devant le Parlement français en 1954. Curieusement, de Gaulle, dont les partisans du RPF avaient certes voté contre la CED, mais qui engagea huit ans plus tard son crédit personnel de chef de la France libre dans la réconciliation franco-allemande, aurait dit avant de quitter le pouvoir, en 1969, à l'un de ses ministres : « Les Allemands sont un peuple maléfique. Ils ont péché contre l'homme, ils recommenceront. Vous qui serez là après moi, n'oubliez pas qu'il ne faudra jamais leur donner l'arme atomique » (cité par Jean Ferniot, *Je recommencerais bien*, Grasset, 1991).

2. L'expression allemande *Grundgesezt* ainsi traduite, et préférée à *Verfassung* (Constitution), devait à l'origine marquer le caractère provisoire du système mis au point en 1949,

en attendant une prochaine unification, avec élections libres sur l'ensemble du territoire allemand, y compris dans la zone soviétique. Laquelle devint en réalité la RDA aussitôt après la création de la RFA et ne connut la liberté de vote que pour disparaître. Le choix de Bonn, cette « petite ville en Allemagne » dépeinte par John Le Carré, comme capitale fédérale répondait au même objectif. Outre qu'il permettait à Konrad Adenauer, entre un Conseil des ministres et une séance au Bundestag, d'aller tailler ses rosiers le long du Rhin, exercice dont l'apaisante futilité, s'agissant d'un homme investi de telles responsabilités, n'aura pas peu contribué à la sérénité de la vie politique allemande dans les années cinquante.

3. Voir au chapitre 8.

4. Hans-Dietrich Genscher, « patron » du parti libéral FDP, allié alternativement sur sa gauche au SPD et sur sa droite à la CDU-CSU, aura été le champion absolu de la longévité ministérielle aux Affaires étrangères dans les démocraties européennes du XXe siècle : il a régné sur l'*Auswärtige Amt* sans discontinuer de 1974 à 1992, après avoir été un brillant ministre de l'Intérieur de Willy Brandt. En 1952, il avait fui la RDA, sur le territoire de laquelle il était né en 1927.

5. « TOUT LEUR RÉUSSIT »

1. Au point que bon nombre d'Allemands, et d'observateurs de la vie politique allemande, préfèrent parler d'unification (*Vereinigung*) plutôt que de *ré*unification (*Wiedervereinigung*).

2. Et Berlin. Mais, lorsqu'il ne s'agissait que du secteur occidental de l'ancienne et future capitale, les prérogatives de ce Land-là étaient constitutionnellement restreintes, compte tenu du statut international de la ville. Par exemple, ses élus au Bundestag n'avaient que des pouvoirs limités. Et lorsque le chancelier ou l'un de ses ministres s'y rendait, c'était, en principe, accompagné d'un de ses homologues français, américain ou anglais ; et cela donnait lieu, de la part des Soviétiques, à une note de protestation rituelle — ce qui n'avait pas empêché la RDA de transférer son gouvernement de Pankow à Berlin-Est, d'ailleurs simplement présentée, dans la littérature officielle, comme « Berlin, capitale de la RDA ».

3. Philippe Raynaud et Paul Thibaud, *La fin de l'école républicaine*, Calmann-Lévy, 1990.

4. Dans *Documents*, revue des questions allemandes,1996-3.

6. UN « MODÈLE » EN PLEINE CRISE ?

1. Les syndicalistes allemands se montrent souvent, en privé, fort critiques vis-à-vis de l'usage qui est parfois fait du droit de grève en France. Les « grèves d'avertissement », ou « pour sonder les défenses du gouvernement et du patronat », ou encore « pour dire non aux privatisations » sont évidemment inconnues en Allemagne, où l'on ne cesse le travail qu'en dernier recours, et pour une raison précise, fût-elle très collective, et même commune à l'ensemble d'une branche, voire des salariés.

2. Le plus grand Salon de l'industrie du monde n'est d'ailleurs ni américain ni japonais, mais allemand : c'est l'*Industriemesse* de Hanovre. Le mot *Messe* ne doit pas être ici traduit par « messe » (quelque tentation que l'on en ait), mais par foire.

3. Au chapitre 5.

4. Rappelons que la France et l'Allemagne sont le premier fournisseur et le premier client l'une de l'autre.

5. Le coût horaire de la main-d'œuvre est donc d'environ 50 pour cent plus élevé en Allemagne qu'en France. De quoi laisser rêveurs les patrons français...

6. Profitons de l'occasion pour faire connaître les noms de ces Länder de l'Est, toujours évoqués en groupe mais jamais cités en détail : outre Berlin bien sûr, réunifié lui aussi, mais qui figurait déjà dans la liste, il s'agit de la Saxe et de la Saxe-Anhalt, de la Thuringe, du Brandebourg et du Mecklembourg-Poméranie occidentale.

7. « ILS SONT TELLEMENT TRAVAILLEURS »

1. Ou plutôt en faisant quand même quelques comptes : durant les seules années cinquante, le revenu disponible par habitant a crû deux fois plus qu'entre 1800 et 1950.

2. On ne lit pas sans un serrement de cœur, dans les guides de voyage d'avant-guerre, des phrases du genre : « La ville de Francfort constitue sans conteste un des plus beaux ensembles d'architecture médiévale. » Cela dit, certaines grandes cités ont tout de même été reconstruites en respectant autant que faire se pouvait la tradition historique, au moins pour certains vieux quartiers. C'est vrai, dans des genres radicalement différents, à Munich et à Hambourg. Et, à Dresde, particulièrement dévastée par les bombes au phos-

phore, les Allemands de l'Est avaient entrepris un très important travail de restauration, qui a naturellement été poursuivi depuis l'unification.

3. Six ans avant le Front populaire français, en 1930, les Allemands disposaient de quinze jours de congés payés annuels, parfois un peu moins selon les branches. Curieusement, il aura fallu attendre 1978 pour que le gouvernement fédéral en fixe le minimum légal à dix-huit jours, alors que la réalité — toujours ces fameux accords patronat-DGB par entreprises — était déjà très largement plus généreuse.

4. Au chapitre 8.

8. LA CHOUCROUTE-BIÈRE COMME CULTURE ?

1. La pratique du *Früschoppen* (littéralement : la « chope tôt ») est d'ailleurs considérée comme suffisamment honorable, en Allemagne, pour avoir donné son nom à une émission de débat télévisé du dimanche matin qui est très suivie. Il est vrai que s'y produisent principalement des journalistes, gens notoirement dotés d'importantes capacités d'absorption.

2. Elle était appelée « *Trimm dich* », « Entraîne-toi » (car les mots d'ordre à destination du grand public recourent volontiers au tutoiement : voir la campagne, pas très opportune d'ailleurs compte tenu de l'état du réseau, en faveur d'un plus fréquent usage du téléphone, baptisée « *Ruf doch mal an* », « Mais appelle donc ! »).

9. LE « NAIN POLITIQUE » VOUS SALUE BIEN

1. Encore aujourd'hui, peu de Français, et même d'Européens en général, mesurent l'importance *politique* du Japon dans le Pacifique. Et si tout le monde connaît — et redoute — le superministère de l'Économie, des Finances, de l'Industrie et du Commerce extérieur, le mythique MITI, seuls les spécialistes et les diplomates connaissent le poids du Gaïmucho, le « Quai d'Orsay » japonais. Il est vrai que la tourmente boursière asiatique de 1998 peut paradoxalement nous aider à redécouvrir cette dimension diplomatique du Japon, en ternissant son image économique.

2. Au chapitre 2.

3. Union de l'Europe occidentale, traditionnellement présentée comme le pilier européen de l'Alliance atlantique, et dont il est convenu de dire — mais c'est de moins en moins vrai avec la mise en place, au sein des Quinze, d'une « poli-

tique étrangère et de sécurité commune » (PESC) — qu'il s'agit du seul organisme proprement européen habilité à traiter des questions militaires.

4. Où l'on oublie trop souvent l'étonnante francophonie — et francophilie — des Roumains, des Bulgares, des Albanais...

5. Pays d'Europe centrale et orientale, candidats à l'adhésion à l'Union européenne, et le plus souvent à l'OTAN. Sur place, on ne raffole pas de ce sigle, dont l'adoption a été considérée avec à peu près autant d'irritation que nous n'en aurions manifesté en Europe occidentale si les Américains s'étaient mis à parler à tout bout de champ des WEC (*Western European Countries*)...

10. « DIS-MOI QU'TU M'AIMES ! »

1. Accueillant Hubert Beuve-Méry lors d'une réception à l'Élysée, et alors que les relations entre le fondateur de la Vᵉ République et celui du *Monde* étaient particulièrement tendues, le Général lui dit, de cette voix qui semblait toujours se pasticher elle-même : « Ah, monsieur Beuve-Méry... *Le Monde... Ich bin der Geist, der stets verneint...* » (« Je suis l'esprit qui toujours nie »). Citation tirée du *Faust* de Goethe, et un peu plus originale que, par exemple, « *Nobody is perfect* », qui se serait assez bien appliquée aussi.

Achevé d'imprimer
sur Roto-Page
par l'Imprimerie Floch
à Mayenne, le 14 octobre 1998.
Dépôt légal : octobre 1998.
Numéro d'imprimeur : 44538.

ISBN 2-07-074656-9 / Imprimé en France.

78079